Direito e Justiça em Tomás de Aquino

Instituto de Direito Administrativo do Rio de Janeiro (IDARJ)
Rua México nº 119 10º Andar Centro Rio de Janeiro RJ
academico@idarj.com.br

Institutas

Editor-Chefe:
Emerson Affonso da Costa Moura (UNIRIO/UFRRJ)

Conselho Editorial:

Adriana Schier (UFPR)
Alexandre Santos de Aragão (UERJ)
André Saddy (UFF)
Cristiana Fortini (UFMG)
Emerson Affonso da Costa Moura (UNIRIO/UFRRJ)
Emerson Gabardo (UFPR)
Fabricio Macedo Mota (UFG)
José Carlos Buzanello (UNIRIO)
José dos Santos Carvalho Filho (FEMPERJ)
Manoel Messias Peixinho (PUC/UCAM)
Maria Sylvia Zanella Di Pietro (USP)
Mauricio Jorge Pereira da Mota (UERJ)
Patricia Ferreira Baptista (UERJ)
Thiago Marrara (USP)

Política Editorial:

Consulte o foco e escopo das publicações, as condições de submissão e o processo de avaliação, a política de ética e as diretrizes de boas práticas na publicação, bem como, a política de privacidade e a licença dos direitos autorais no endereço:

www.idarj.com.br

Daniel Nunes Pêcego

Direito e Justiça em Tomás de Aquino

Institutas
Rio de Janeiro
2023

Categoria: Direito

Produção e edição: Instituto de Direito Administrativo do Rio de Janeiro

Composição e capa: Pedro Henrique Barbosa Rocha

O editor não se responsabiliza pelas opiniões emitidas nesta obra por seu Autor.

CIP-BRASIL. CATALOGAÇÃO-NA-FONTE

Pêcego, Daniel Nunes
     Direito e justiça em Tomás de Aquino / Daniel Nunes Pêcego. -- 1. ed. – Rio de Janeiro: Institutas, 2023.

     Bibliografia.
     ISBN 978-65-84742-13-0

1. Filosofia do direito 2. Justiça (Filosofia) - História 3. Tomás de Aquino, Santo, 1225?-1274. Suma de teologia 4. Tomismo I. Título.

24-195014   CDD-230.2

Para minha mãe.

*Para Carolina, Elisa Maria e quem está
vindo.*

SUMÁRIO

INTRODUÇÃO

Após anos de predomínio do Positivismo Jurídico - seja aquele abertamente declarado, como em períodos totalitários, seja aquele encoberto sob a capa de modismos acadêmicos típicos da atualidade -, a necessidade de se buscar uma correta fundamentação filosófica para o Direito é da ordem do dia. De fato, torna-se cada vez mais claro - apesar das posições contrárias tão arraigadas no imaginário social e acadêmico - que o Direito não pode se basear tão-somente na vontade arbitrária de um legislador, prescindindo de algo que vá além do mero reconhecimento dos fatos e fenômenos (CUNHA, 1991, 392-393).

Tal fundamentação, obra de jusfilósofos e demais estudiosos da Filosofia prática[1], tem sido feita com base em diversos autores e escolas. Uma delas, que segue a vertente aristotélico-tomista, tem encontrado nos últimos tempos certa adesão em alguns ambientes acadêmicos[2], sobretudo com os estudos desenvolvidos por Michel Villey, John Finnis, Alasdair MacIntyre, Javier Hervada, Sergio Cotta, Georges Kalinowski, Giuseppe Abbá, Martin Rhonheimer, dentre outros nomes igualmente importantes na Itália, Espanha e Argentina (MASSINI, 1980, 77 e MASSINI, 2005a, 242-251).

---

[1] Sobre a necessidade da Filosofia Jurídica, ver o capítulo 14 da obra "Interpretação Jurídica" de Rodolfo Vigo (2005, 289-301).

[2] Segundo Carlos Massini (2005a, 289), a teoria do Direito Natural, uma das características da vertente que se apresentará, encontra-se numa situação paradoxal, pois ao mesmo tempo em que se mostra como a única saída do atomismo niilista e desfundamentador da Pós-Modernidade, apresenta sérias dificuldades de comunicação com o homem contemporâneo.

Infelizmente, o mesmo não pode ser dito em relação ao Brasil, em parte porque aqui os clássicos estão sendo redescobertos apenas recentemente. O assim chamado Realismo Jurídico clássico - expressão que resume a proposta jusfilosófica de bases aristotélico-tomistas - é de fato praticamente desconhecido no ambiente acadêmico brasileiro.

Para esta vertente teórica, resumidamente, o Direito teria uma vinculação com a Moral, ainda que ambos os campos se distingam, através da virtude cardeal da justiça e do respeito ao justo natural, calcado na natureza das coisas e na natureza do próprio ser humano. O direito, enquanto objeto da justiça (ST II-II, q. 57, a. 1), teria ligação evidente e necessária com esta virtude, que consiste exatamente em "dar a cada um o que é seu", aquilo que lhe for justo, nada mais nada menos. Sendo assim, o Direito[3], enquanto sistema normativo, seria apenas parcialmente autônomo em relação à Moral, uma vez que esta trata de todas as virtudes, ao mesmo tempo em que o Direito se especifica em relação a apenas uma delas (MOURA, 1996, 222).

Ora, uma das bases perenes dessa pretendida formulação clássica sobre o Direito repousa, juntamente com a Ética aristotélica, no pensamento desenvolvido por Tomás de Aquino[4], em especial na sua obra intitulada Suma Teológica, aqui objeto de estudo. A inquirição da posição tomista sobre o Direito, extraída de suas considerações acerca da lei e da justiça, é plenamente justificada pelo lugar que este pensador ocupa dentro da História da Filosofia, especialmente no âmbito do estudo da Ética. Como afirma Javier

---

[3] Propositadamente se grafa o direito como objeto da justiça (e também como direito subjetivo) com minúscula, enquanto se utiliza a maiúscula para se referir ao Direito como sistema normativo ou ainda conjunto de normas e relações jurídicas.

[4] À estreita afinidade entre o pensamento aristotélico e o tomista, MARÍAS (2004, 181), citando Brentano, chama "congenialidade".

Hervada (1996, 153), referindo-se já ao tratamento tomista do Direito Natural,

> *com Tomás de Aquino, a teoria do direito natural adquiriu forma acabada. Os materiais dispersos em épocas anteriores foram perfilados e complementados em uma harmônica construção que se destaca em muito em relação a qualquer outro autor precedente.*

Este livro, portanto, tem o objetivo de expor e comentar sucintamente a temática do Direito e da Justiça tal como entendidos por Tomás de Aquino em sua obra prima, utilizando-se dos tratados da justiça e da lei ali presentes. Procurar-se-á, desse modo, analisar os meios pelos quais o Aquinate desenvolveu seu raciocínio e a que conclusões chegou. Por último, será feito um esforço para se discernir se a teoria jurídica tomista ainda possui plena aplicabilidade nos dias de hoje e, em caso positivo, de que modo poderia fazê-lo.

Estruturalmente o trabalho se divide da seguinte forma: um breve capítulo caracterizando a Suma Teológica dentro do *corpus thomisticum*. Em seguida, a substância do trabalho, com três capítulos tratando da lei, da virtude da justiça e do direito propriamente dito. Neste último capítulo, serão analisadas rapidamente soluções propostas na Suma para algumas questões jurídicas candentes em sua época, ou seja, após o estudo da teorização acerca do fenômeno jurídico, passa-se à prática do mesmo, o que é bem coerente, uma vez que o Direito é um dos temas da chamada Filosofia prática.

***

Agregaram-se a este livro dois textos, algo remodelados, que foram publicados há alguns anos em formato de artigo científico. O primeiro deles trata dos requisitos fundamentais da lei segundo o Realismo Jurídico clássico, servindo de complementação ao que trata o capítulo 2º desta obra. O outro procura mostrar a aplicabilidade de uma ferramenta extraída do pensamento tomista, o Princípio do duplo efeito, ao problema do estado de perigo tal como entendido pelo Direito Civil, analisando para tanto um julgado do Superior Tribunal de Justiça (STJ).

Capítulo I

A Suma Teológica

A Suma Teológica representa muito mais do que um mero manual de Teologia[5] (aliás, com abundantes informações e questões atinentes à Filosofia). Trata-se, sim, de um verdadeiro resumo de uma época. Da obra de Tomás de Aquino foi possível se afirmar que era "extraordinária síntese entre fé e razão, entre teologia e filosofia, (...) cobre o conjunto dos saberes e dos gêneros literários medievais" (DE LIBERA, 1998, 405). É a explicação dos dados revelados em perspectiva científica, argumentativa e sapiencial (MOURA, 1990, 15). Historicamente falando, a Escolástica encontrou seu auge nesta obra inacabada do Doutor Angélico[6]. Nela, o Aquinate pôde construir, a modo de catedral gótica (FINNIS, 1998, 13), um monumento ao saber que utiliza sem temor todos os instrumentos e meios para a descoberta e exposição mais clara da verdade.

---

[5] Essa era a visão pedagógica Tomás de Aquino sobre a obra que escreveu: "Uma vez que o doutor da verdade católica deve não só ensinar aos mais adiantados, mas instruir também aos iniciantes (...) nossa intenção é, portanto, expor o que concerne à religião cristã segundo o modo que convém à formação dos iniciantes" (TORRELL, 2004, 170).

[6] O período da História da Filosofia denominado "Escolástica" caracteriza-se pela inquirição de problemas teológicos que necessariamente passavam e chegavam a questões filosóficas. Os grandes temas em torno dos quais girava o mundo intelectual nesse momento eram o da criação, dos universais e das relações entre fé e razão, propostos e discutidos através das "disputas" (MORENTE, 1980, 41-42), manifestadas em *commentaria, quaestiones* e *summae* (MARÍAS, 2004, 139).

Aristóteles, os estoicos, o Direito Romano, os Padres da Igreja, as Sagradas Escrituras e a Tradição, todos estes elementos são fontes idôneas para o esclarecimento das verdades que se pretende buscar e sintetizar (MONTEJANO, 2005, 93). Para o Aquinate não importava tanto quem dizia, mas o que dizia e, neste sentido, pôde superar toda a controvérsia que lhe antecedeu entre dialéticos e antidialéticos (FAITANIN, 2006) a qual de certo modo ainda perdurou após sua morte, considerando-se a condenação de várias de suas teses pelo Arcebispo de Paris em 1277.

Em termos de organização, a Suma Teológica é apresentada em três partes, sendo que a segunda delas, se subdivide em duas seções: *Prima pars, Prima secundae, Secunda secundae* e *Tertia*. Mais usualmente se entende que a abordagem que nela se propõe é a do tradicional esquema neoplatônico *exitus-reditus*, ou seja, a saída do homem de Deus e o seu retorno novamente para Deus. Alguns autores apontam uma debilidade nesta posição, devido à não-integração da *Tertia pars* e do papel de Jesus Cristo. Por último, há quem defenda o sistema de divisão dos assuntos entre teológicos e econômicos (no sentido teológico que se dá a este termo); nesta última percepção, seria plenamente adequada a adoção do esquema *exitus-reditus* (TORRELL, 2004, 176-180).

Mais especificamente, a *Prima pars* trata de Deus em si mesmo, seja da essência divina, seja da distinção entre as Pessoas. A parte segunda trata do fim em si do homem, a felicidade e, depois, os meios pelos quais o homem alcança esse fim ou dele se afasta. Aí são analisados tanto os atos humanos e as paixões da alma, quanto as virtudes e os vícios em geral e os princípios humanos e sobrenaturais que influenciam o agir humano: a lei e a graça. A *Secunda secundae* termina analisando detalhadamente as virtudes, seus atos próprios e pecados contrários, com um estudo detalhado dos carismas e estados de vida. A terceira parte tratará de Jesus Cristo enquanto Salvador da humanidade, analisando Suas Encarnação e Paixão e, por último, os sacramentos, meios instituídos pelo mesmo Jesus Cristo para a salvação dos homens, parte que restou inconclusa (TORRELL, 2004, 174-176).

Ainda é controversa a datação da redação da Suma. Durante a sua permanência em Roma, até setembro de 1268, Tomás terá redigido a totalidade da *Prima pars*. Os problemas maiores começam com a datação da *Prima secundae*, *Secunda secundae* e *Tertia*. Segundo TORRELL (2004, 171-172), apesar de acabar por se concluir por um enorme acúmulo de trabalho em pouquíssimo tempo, parece mais correto supor que a segunda parte só tenha sido redigida depois de seu retorno a Paris e tenha se dado somente após 1271. Já a terceira parte, que será complementada ("Suplemento") por seus discípulos com o uso de seu "Comentário sobre as Sentenças", deve ter sido iniciada em Paris em finais de 1271 e terminada um ano depois.

Capítulo 02

A Lei na Suma Teológica

O assim chamado tratado da lei se desenvolve na I-II entre as questões 90 e 108. Da questão 98 à questão 105, tratará da "lei antiga". A "lei nova" será estudada entre as questões 106 e 108. Já a lei em si, que é o que mais interessa neste trabalho, encontra-se amplamente analisada entre as questões 90 e 97, num total de 21 artigos. Neste conjunto de questões são vistas com pormenores a essência da lei (q. 90), as diversas leis (q. 91), seus efeitos (q. 92), a lei eterna (q. 93), a lei natural (q. 94), a lei humana (q. 95), o poder da lei humana (q. 96) e a mudança nas leis (q. 97).

Na Suma Teológica, Tomás de Aquino segue um esquema diverso daquele que adotara na "Suma contra os gentios" (AQUINO, 1990). Se nesta obra, mais preso à leitura paulina, aproxima a análise da lei à do pecado, na Suma Teológica a divisão é de cunho mais filosófico, baseada nos princípios externos dos atos humanos. Ainda assim, a lei é teologicamente inserida entre os tratados do pecado e da graça, já que o princípio externo que move o homem ao bem é Deus, que o instrui pela lei e pela graça (ST I-II, q. 90, introd.) (DE BONI, 2003, 82). Na Suma Teológica, a lei seria entendida mais em sua função de auxiliar o exercício das virtudes do que propriamente como indicadora dos atos a serem praticados (ABBÀ, 1996, 67).

Deste modo, a lei pode ser considerada como um pedagogo por meio do qual Deus ensina o ser humano a caminhar sempre em direção ao bem. Essencialmente, a definição tomista de lei é "certa regra e medida dos atos, segundo a qual alguém é levado a agir ou apartar-se da ação". Como a razão é a norma suprema dos atos humanos (BOEHNER, GILSON, 2004, 480), cabendo a ela ordená-los ao fim, patenteia-se que a lei é algo pertencente à razão (ST I-II, q. 90, a. 1).

Quanto à existência da lei eterna, Tomás de Aquino propõe o seguinte raciocínio: como é a Divina Providência que governa todo o universo, essa mesma razão divina, suma razão existente em Deus (ST I-II, q. 93, a. 1), que todos conhecem por causa dos efeitos de sua irradiação (ST I-II, q. 93, a. 2), possui caráter de lei (ST I-II, q. 91, a. 1). Desta lei eterna procedem as demais leis, na linha de um movimento ordenador imperioso (ST I-II, q. 93, a. 3).

Sendo assim, a lei natural[7] nada mais é do que o exercício participativo da criatura racional na lei eterna (I-II, q. 91, a. 2), mediante certos princípios comuns (BOEHNER, GILSON, 2004, 481). É natural porque não procede de fatores culturais, mas da estrutura psicológico-moral do ser humano. Por isso, pode ser dita universal e imutável (RODRÍGUEZ LUÑO, 1991, 88), sendo definida como o conjunto de leis racionais que expressam a ordem das tendências ou inclinações naturais aos fins próprios do ser humano, ordem que é própria do homem enquanto pessoa (HERVADA, 2000, 125, 128). Por isso, o Aquinate poderá afirmar que os preceitos do Decálogo são os primeiros preceitos da lei, aos quais a razão natural presta imediato assentimento como aos princípios mais evidentes de todos (ST II-II, q. 122, a. 1, r.)[8].

---

[7] Como bem adverte HERVADA (2000, 123), o estudo pormenorizado da lei natural não corresponde exatamente à ciência do Direito Natural, mas sim à Filosofia moral.

[8] Segundo RHONHEIMER (2000, 272-273), a doutrina escolástica sobre *a lex naturalis* é tributária tanto da tradição romana dos juristas, quanto da teologia cristã sobre a lei, em parte fixada biblicamente, em parte baseada na doutrina agostiniana

O homem tem um ser objetivo e na medida em que a ordem moral é a ordem do ser, a moralidade consiste em uma ordem objetiva e não um mero produto imanente da consciência. A lei natural expressa as exigências objetivas da natureza humana, necessidades de bem e de justiça (HERVADA, 1996, 157). Essa lei natural tem papel semelhante, na razão prática, ao exercido pelos primeiros princípios indemonstráveis naturalmente conhecidos da razão teórica. A partir desses preceitos gerais da lei natural são produzidas conclusões para dispor mais particularmente das coisas (ST I-II, q. 91, a. 3). Assim, uma das funções da lei natural é de ser a base do ordenamento jurídico e da ordem política. Na comparação proposta por HERVADA (s\d, 102), o que é a Constituição para o sistema de leis positivas – critério de validade e fundamentação – é a lei natural em relação a todo o sistema jurídico.

Por isso também, a verdadeira lei, seja ela promulgada por toda a multidão, seja por quem lhe faz as vezes (ST I-II, q. 90, a. 3), sempre se ordena para o bem comum (ST I-II, q. 90, a. 2) e não ao "fim do indivíduo enquanto tal" (BOEHNER, GILSON, 2004, 480; MASSINI, 2005b, 76). Como ela é um ato da razão, que apela à liberdade humana, demandando ser de algum modo conhecida, surge a necessidade de sua promulgação (ST I-II, q. 90, a. 4).

A lei tem como efeito próprio tornar bons aqueles a quem ela é dada (ST I-II, q. 92, a. 1). Neste sentido, é conveniente enumerar entre os atos próprios da lei o "ordenar" atos virtuosos, "proibir" atos viciosos, "permitir" atos indiferentes e "punir", induzindo a que ela seja obedecida (ST I-II, q. 92, a. 2).

Como aludido acima, o modo pelo qual o homem chega ao conhecimento da lei natural é assemelhado àquele pelo qual alcança o conhecimento dos primeiros princípios da razão especulativa. Não se

---

da lex aeterna. A mesma ideia é desenvolvida por ABBÀ (1996, 56), que enfatiza também o Direito Canônico.

trata de um conhecimento infuso, inato ou dado por uma graça especial, mas tampouco um conhecimento dedutivo. São princípios autoevidentes e indemonstráveis, cuja retidão a inteligência percebe imediatamente (DE BONI, 2003, 95; FINNIS, 1998, 87). O entendimento humano é capaz de conhecer verdadeiramente a lei natural, conhecendo a natureza humana e suas inclinações naturais (HERVADA, 1996, 159).

Os meios de captação da lei natural não são, portanto, o raciocínio e a argumentação, mas o conhecimento por evidência. A razão prática transforma em preceito a inclinação natural[9] (HERVADA, 2000, 136,145). Assim, o que provém dos primeiros princípios por via de dedução é pertencente aos *ius gentium*. O que deriva por determinação pertencerá à lei humana (FINNIS, 1998, 268). A determinação é uma fixação, entre as distintas possibilidades que se abrem ao ser humano em sociedade, do modo de cumprimento dos vários preceitos da lei natural. A conclusão dedutiva, porém, se dá através de um juízo silogístico prático (HERVADA, 1996, 172).

Sendo algo constituído pela razão, ou seja, um instrumento, a lei natural não é propriamente um hábito. Por outro lado, pode se dizer que os preceitos da lei natural estão em ato e em potência na razão. Nesse último caso, é possível se afirmar que a lei natural é um hábito (ST I-II, q. 94, a. 1) que tem por sujeito um acidente da substância do homem, a sua inteligência (MOURA, 1996, 227). Sublinhe-se neste ponto que para Tomás de Aquino a razão humana é meio para conhecer a lei natural e não a fonte desta mesma da lei e,

---

[9] Nessa passagem, podem suceder três situações: que os enunciados abstratos e gerais não sejam universais, não abarcando todos os possíveis fatos, o que dá uma aparência de mutação; ocorrendo uma variação de circunstâncias do caso pode haver a substituição de uma norma por outra, mas não que a norma mude no caso concreto; quando se trata de preceitos contingentes, a eficácia pode ser suspensa pela lei positiva e, se preceitos subsequentes, estes dependem da situação histórica, de modo que variando o momento histórico, muda o preceito (HERVADA, 2000, 145-146).

portanto, do Direito Natural, como entenderá a Escola Jusnaturalista racionalista do século XVIII[10] (VILLEY, 2003, 308).

A ordem dos preceitos da lei da natureza se dá segundo a ordem das inclinações naturais, o que o homem apreende como bem (FINNIS, 1998, 80) e, por conseguinte, obras a serem perseguidas. São em três níveis as tendências naturais: gênero remoto do ser, gênero próximo do animal e espécie racional (HERVADA, 1996, 165). Assim, pertence à lei natural aquelas coisas pelas quais a vida é conservada, a união dos sexos, a educação dos filhos e conhecer a verdade a respeito de Deus e para que viva em sociedade, evitando a ignorância, não ofendendo seus semelhantes, etc. (I-II, q. 94, a. 2). Em resumo, deve-se fazer o bem e evitar o mal. Esta é a lei suprema da qual derivam todos os demais deveres (BOEHNER, GILSON, 2004, 481).

Segundo MOURA (1996, 227-228):

> *Ao conhecer espontaneamente o que deve fazer segundo a exigência de sua natureza, o homem, (...), recebe a proclamação da lei natural. Assim sendo, ela lhe é proclamada indiretamente por Deus, que o dotou de tal capacidade. Não seja esse conhecimento confundido com o das "ideias inatas cartesianas". Não. É a própria luz do conhecimento intelectivo que o faz evidente.*

Não são princípios inatos, repete-se, pois o intelecto, ao entrar em contato com a realidade, capta de modo evidente e imediato a noção de ser e, em seguida, apreende de modo não menos evidente os primeiros princípios. Se isto é válido para a razão especulativa, também o é para a prática, porém, neste caso trata-se de conhecer a regra de ação e aplicá-la. Esta possui dois tipos de objetos: um

---

[10] Essa vertente não deve ser confundida com a Escola do Direito Natural de matriz clássica.

factível (obras exteriores feitas pelo homem), capacitado pela arte, "reta razão de fazer certas obras" (ST I-II, q. 57, a. 3, r.) e um outro, atuável, capacitado pelos hábitos (virtudes) da sindérese[11] (hábito dos primeiros princípios) e da prudência (hábito de saber agir bem, *"recta ratio agibilium"*)[12] (HERVADA, 1996, 159-160).

É possível distinguir os preceitos da lei natural em originários e subsequentes. Os primeiros são aqueles que nascem diretamente da natureza humana, os segundos são aqueles que a razão natural dita em relação a uma situação criada pelo homem. Ainda podem ser classificados como preceitos necessários e contingentes. Necessários são os que enunciam mandatos e proibições exigidos incondicionalmente pela natureza humana. Contingentes são os preceitos que apresentam permissões e capacidades naturais que podem ser reguladas pela lei positiva. Esta classificação deriva do fato de que há matérias reguláveis pela lei positiva, mas que anteriormente à positivação não permaneciam em estado de total anomia, tendo uma regulação natural, ainda que modificável pela lei positiva (HERVADA, 2000, 142).

---

[11] Mais propriamente, "hábito do intelecto, operativo e natural, que permite apreender da experiência ordinária os princípios básicos da lei moral e, através do discurso racional, todas as suas derivações". (MARTINS FILHO, 2000, 146).

[12] Para a diferenciação entre arte e prudência, cfr. ST I-II, q. 57, a. 4, r.

Capítulo III

A Justiça na Suma Teológica

III.1. Aproximação

Na I-II, Tomás de Aquino trata dos hábitos (qq. 49-54) e das virtudes de modo geral (qq. 55-67). A justiça propriamente dita só é analisada na questão 58 da II-II, ao que se lhe seguem os temas da injustiça (q. 59), partes da justiça (q. 61), partes integrantes da justiça (q. 79) e partes potenciais da justiça (q. 81).

III.2. A Filosofia Moral tomista: Uma Ética de virtudes

A moral[13] tomista se fundamenta em sua Metafísica, uma vez que o homem que deve ser por aquela governado é um ser e como tal tem que encarar a sua lei própria em relação com as leis gerais do

---

[13] A Ética é o estudo da moralidade do agir humano que tem como objeto material os atos humanos propriamente ditos e como objeto formal a retidão moral, bondade frente ao fim último. Trata-se de uma ciência prática – a mais importante delas - de caráter filosófico. Reflete sobre a práxis e aponta para a práxis. A ética geral, aqui enfocada, trata dos princípios básicos que determinam a moralidade dos atos humanos – fim último, lei moral, consciência e virtudes (MARTINS FILHO, 2000, 140-141; RODRÍGUEZ LUÑO, 1991, 17 e 24; RHONHEIMER, 2000, 33). Outra definição: Moral é a ciência que trata do uso que o homem deve fazer de sua liberdade para atingir seu fim último (JOLIVET, 2001, 348). Os termos "Ética" e "Moral" são aqui utilizados como sinônimos, ainda que se reconheça a possibilidade de diferenciá-los.

ser[14]. A moral é, assim, o conhecimento do que o homem deve ser, ao agir, considerando aquilo que é.

O desejo natural de alcançar a felicidade (RODRÍGUEZ LUÑO, 1991, 71) – obtenção estável e perpétua do bem totalmente perfeito - é o fim buscado por todos os seres humanos (MARTINS FILHO, 2000, 144), "aquilo a que a natureza humana tende como ao termo último de sua perfeição" (JOLIVET, 2001, 356). Como tudo se move tendo em vista um fim e a noção de fim está intimamente unida à de bem (RODRÍGUEZ LUÑO, 1991, 35), sendo o ser humano essencialmente um ser inteligente, o objeto de sua felicidade tem que ser um objeto de inteligência. Para o pensamento tomista, "o bem do homem, enquanto homem, está em que a sua razão se aperfeiçoe no conhecimento da verdade e que as suas energias sejam aplicadas segundo os ditames da razão" (PIEPER, 1960, 99). Como o objeto da felicidade tem que ser um bem absoluto (RODRÍGUEZ LUÑO, 1991, 35) e o objeto mais perfeito na ordem do inteligível é Deus, a beatitude humana, portanto, consiste na contemplação do divino (SERTILLANGES, 1951, 301-307).

Os meios apropriados para o alcance desta felicidade são os atos específicos do homem. A atividade moral, portanto, coincide com a atividade racional. Como afirma SERTILLANGES (1951, 307-308), "o ato é moral quando é racional e é racional quando apto por natureza a alcançar o fim buscado pela razão, isto é a felicidade". Como a razão é o princípio específico de configuração da práxis humana (RHONHEIMER, 2000, 91), tudo que é contra a ordem da razão, constituinte da natureza humana, é vicioso (ST I-II, q. 71, a. 2, r.). Daí a definição de virtude proposta por Tomás de Aquino: *"Virtus est bona qualitas mentis, qua recte vivitur, qua nullus male utitur, quam Deus in nobis sine nobis operatur"* (ST I-II, q. 55, a. 4).

---

[14] A Metafísica dá a base do conhecimento do ser, para que a ética possa conhecer o dever ser dos atos humanos: *"agere sequitur esse"* (MARTINS FILHO, 2000, 140).

A moralidade não será, portanto, para o Aquinate a satisfação formal, de um rigorismo abstrato, de imperativos sem justificativa no ser, mas sim o esforço de perfazer o homem através da prática das virtudes. Por isso, as virtudes são como que prolongamentos dos instintos (SERTILLANGES, 1951, 312) que tornam bons os atos humanos e o próprio homem (ST II-II, q. 58, a. 3, r.), tornando-se como que uma segunda natureza (PRADO, 1991, 235). Assim, no indivíduo, a desmesura ou *hybris* do movimento do desejo que tende ao excesso deve ser regido pelo *métron*, pelo *logos* da virtude (VAZ, 2000, 207).

São três os gêneros de virtudes: teologais (fé, esperança e caridade – ST I-II, q. 62), intelectuais e morais. As virtudes intelectuais, que aperfeiçoam a inteligência especulativa ou prática, capacitando para o bem agir, mas não garantindo a retidão moral, são: intelecto (hábito dos primeiros princípios teóricos), ciência (hábito de considerar as coisas à luz das causas particulares), sabedoria (hábito de considerar as coisas à luz das causas últimas particulares), sindérese (hábito dos primeiros princípios práticos), a arte (atuar técnico, excelência no fazer e produzir) e a prudência. Esta última é, das cinco, a que diz respeito mais imediatamente ao domínio prático, pois não basta conhecer o que é reto, sendo necessário saber aplicá-lo às circunstâncias concretas (BOEHNER, GILSON, 2004, 479-480; MARTINS FILHO, 2000, 150-151; RODRÍGUEZ LUÑO, 1991, 133; RHONHEIMER, 2000, 201; ST I-II, q. 57, a. 5, r.). A prudência é, assim, a *"recta ratio agibilium"* (ST I-II, q. 57, a. 4, r.), como já afirmado anteriormente[15].

Por outro lado, são três as virtudes morais: a justiça, a temperança e a fortaleza. Essas três virtudes morais somadas à prudência formam as chamadas virtudes cardeais, eixo em torno do

---

[15] A virtude da prudência será tratada em pormenores quando da análise do ato de julgar.

qual gira toda a vida moral (I-II, q. 61, a. 2, r.). As demais virtudes estão enxertadas nelas como partes subjetivas (espécies do gênero), integrantes (auxiliam a principal) e potenciais (afins à principal) (ST II-II, q. 48, r.).

Neste ponto, antes de proceder aos comentários acerca das virtudes morais, cabe fazer um breve excurso sobre a psicologia aristotélico-tomista que apresenta grande correlação com essa visão ética. Segundo esta concepção, o ser vivente apresenta uma série de operações que corresponde a uma série de faculdades da alma, acidentais do gênero qualidade em relação à alma em si.

A potência vegetativa é responsável pela nutrição, recepção em si de algo para a conservação do ser; crescimento, capacidade de aquisição de estatura e quantidade que convém enquanto ser acabado; e geração, poder de produzir um ser especificamente semelhante a partir de um princípio vivente conjunto, ordenado ao fim superior de conservação da espécie. A espécie se torna de certo modo imortal, já que o indivíduo não o pode ser (MARTINS FILHO, 2000, 110; YEPES, ARANGUREN, 1998, s\p).

A potência sensitiva - ato de perceber -, por sua vez, distingue a vida vegetal da animal. Atua por três faculdades básicas: O conhecimento sensível (sentidos externos – vista, audição, olfato, gosto e tato[16] - e internos – percepção, imaginação, estimação e memória[17]), resultado dos objetos materiais sobre os sentidos; potência motora, promotora do deslocamento do animal em direção

---

[16] Cujos objetos são respectivamente: a cor e os cinco sensíveis comuns (tamanho, figura, número, movimento e repouso); o som e dois sensíveis comuns (movimento e repouso); o odor; o sabor; a temperatura, a pressão e, finalmente, os cinco sensíveis comuns.

[17] Cujos objetos são respectivamente: a integração dos dados dos vários sentidos sobre determinado objeto; reprodução, na ausência do objeto, das impressões sensíveis, dando continuidade à sensibilidade; relação entre objetos, formulando juízos instintivos e reservatório das impressões e suas relações (MARTINS FILHO, 2000, 111; YEPES, ARANGUREN, 1998, s\p).

ao objeto conhecido e apetecido e, finalmente, o apetite sensível. Este será a inclinação ou tendência para as formas apreendidas pelo conhecimento sensível como bens.

O apetite sensível se apresenta em duas espécies: Apetite concupiscível – atração pelos bens desejáveis (ou aversão pelos males indesejáveis), fruto do simples conhecimento sensível da sua existência (captação dos valores dados no presente imediato), e apetite irascível – atração pelos bens árduos (ou fuga dos males difíceis de serem evitados), com base no estabelecimento das relações instintivas pela estimativa (captação dos valores no passado e futuro). Ora, o apetite sensível é disparado pelas paixões[18] - em si mesmas moralmente neutras (RODRÍGUEZ LUÑO, 1991, 127) - uma vez conhecido pelos sentidos o bem ou mal do objeto. O apetite concupiscível se liga às paixões de gozo, quais sejam, amor, ódio, desejo, fuga, gozo e tristeza[19]. Ao apetite irascível correspondem as paixões combativas da esperança, desânimo, medo, audácia e ira[20].

O que permitirá diferenciar os animais do ser humano será justamente sua potência intelectual, uma vez que o homem é o único

---

[18] Ou sentimentos, emoções ou afetos. Uma definição de paixões: Atos ou movimentos das tendências sensíveis que têm por objeto um bem captado pelos sentidos (RODRÍGUEZ LUÑO, 1991, 123). As paixões têm uma função no atuar humano e devem ser integradas a ele como princípios de ação, fazendo parte da perfeição moral (RHONHEIMER, 2000, 177-178).

[19] Seguem os conceitos das paixões do apetite concupiscível: o amor é a inclinação a possuir um bem que agrada; o ódio é a aversão a um mal futuro, procurando afastar o que desagrada); o desejo é o amor do bem futuro, que procura o bem ausente; fuga é a aversão do mal presente, procurando afastar o mal que se aproxima; gozo é a fruição do bem presente; tristeza é a aversão ou aflição pelo mal presente (MARTINS FILHO, 2000, 112-113).

[20] Seguem os conceitos das paixões do apetite irascível: a esperança é a inclinação a possuir um bem possível, mas de aquisição dificultosa; o desânimo é a percepção de que o bem desejado se torna impossível de se alcançar; o medo é a aversão ao mal inevitável, ou seja, a tendência a fugir do mal difícil de se evitar; a audácia é a superação de um mal que parece inevitável, acreditando-se ser evitável; a cólera enfrenta um mal presente, repelindo-o violentamente (MARTINS FILHO, 2000, 112-113).

animal racional. São duas as faculdades racionais, a inteligência e a vontade. Pela primeira, se conhecem as coisas em sua essência; pela segunda, se desejam as coisas que se conhece. Por estas duas faculdades, o ser humano pode conhecer intelectualmente, captando a essência de todas as coisas materiais, e desejar o bem conhecido e livremente escolhido.

A virtude humana está na potência da alma como em seu sujeito, já que a virtude implica perfeição de uma potência, sendo um hábito ativo procedente da alma por meio de uma potência e também porque a virtude é a disposição para o ótimo, fim alcançado pela ação procedente da potência (ST I-II, q. 56, a. 1, r.). Uma virtude pode pertencer a várias potências, mas de modo diversificado, em umas de modo principal, em outras por difusão ou disposição (ST I-II, q. 56, a. 2, r.) e tanto o intelecto teórico, quanto o prático e os apetites irascível e concupiscível podem ser sujeitos de virtudes (ST I-II, q. 56, aa. 3 e 4, rr.).

A tarefa moral do homem, consequentemente, será não a de extinguir as paixões, mas sim moderá-las, dirigindo-as ao bem e fazendo que sejam praticadas da maneira devida (RODRÍGUEZ LUÑO, 1991, 128). Assim, as virtudes não são necessárias para as potências que estão determinadas a um só ato, mas o são certamente para as potências racionais e as sensíveis enquanto determinadas pelas racionais. Os apetites sensíveis, justamente por apresentarem um movimento instintivo próprio, podem se rebelar contra as potências superiores e, por isso, precisam ser aperfeiçoados pelas virtudes morais (RODRÍGUEZ LUÑO, 1991, 132). Como afirma ABBÀ (1996, 65-66), por causa da individuação na matéria, a razão, a vontade e os apetites passionais operam segundo o limitado ponto de vista do indivíduo, sem inseri-los na ordem da razão que determina o próprio bem; por isso, as potências necessitam das virtudes morais.

Considerando-se tudo o que foi acima dito e tratando brevemente das virtudes morais, tem-se que a temperança regula a conduta interna do homem, refreando as paixões impulsivas e precipitadas, moderando os prazeres corporais, subordinando-os à reta razão e aperfeiçoando o apetite concupiscível da alma[21]. A fortaleza refreia as paixões que embaraçam a ação, aperfeiçoando, por sua vez, o apetite irascível[22] (BOEHNER, GILSON, 2004, 480). Ambas são determinadas por uma *medium rationis*, porque o juízo da razão é impresso nos apetites sensíveis que são assim atraídos a um ponto médio, tendendo a seu objeto com um impulso nem maior nem menor que o exigido pela razão (RODRÍGUEZ LUÑO, 1991, 136). A justiça será analisada logo abaixo.

III.3. A VIRTUDE DA JUSTIÇA

Tomás de Aquino concorda com a definição de justiça de Ulpiano tal como citada pelo Digesto: "Vontade constante e perpétua de dar a cada um o seu direito" (ST II-II, q. 58, a.1, r.). É o aperfeiçoamento da vontade no que diz respeito à tendência ao bem para os outros (RHONHEIMER, 2000, 246). A virtude da justiça é atuada e tem sua sede na parte mais nobre da alma, o apetite racional[23], na faculdade da vontade (ST II-II, q. 58, a. 12, r.; MONTEJANO, 2005, 100), pois "não somos chamados justos, pelo fato de conhecermos corretamente (...), somos, ao contrário, chamados justos pelo fato de agirmos com retidão" (ST II-II, q. 58, a.

---

[21] São partes subjetivas da temperança a abstinência (comida), sobriedade (bebida) e castidade (sexo). Parte potencial, a humildade que modera o amor-próprio (ST II-II, q. 143, a. un. r.).

[22] São partes integrantes da fortaleza a magnanimidade, a magnificência, a paciência e a perseverança (ST II-II, q. 128, a. un. r.).

[23] As outras virtudes morais têm sua sede no apetite sensível, a que pertencem as paixões, matéria dessas virtudes (ST II-II q. 58, a. 12, r.), mas não a justiça (ST II-II q. 58, a. 9, r.), como visto acima.

4, r.). Por isso e porque o bem comum almejado pela justiça é superior ao bem particular (ST II-II, q. 58, a. 12, r.), exigindo o bem individual de todas as pessoas (PIEPER, 1960, 89), a justiça pode ser considerada a mais excelsa das virtudes morais (ST I-II, q. 66, a. 4, r.; MONTEJANO, 2005, 100) [24].

Todo ato externo é eminentemente social e, por isso, todo o campo da vida social, civil, é próprio da virtude da justiça (PIEPER, 1960, 93). A justiça regula o teor e a natureza dos atos externos (ST II-II, q. 58, a. 11, r.), exclusivamente considerando o que é devido ou não a outrem e independentemente de disposições afetivas, uma vez que comporta igualdade que só se dá em relação aos outros (ST II-II, q. 58, a. 2, r.). Enquanto nas demais virtudes a medida é o ânimo do agente, na justiça a medida é a própria coisa, aquilo que se faz (HERVADA, 1996, 156). Trata-se de um meio-termo real, objetivo, *medium rei*, "certa igualdade de proporção da realidade exterior com a pessoa exterior" (ST II-II, q. 58, 10, r.).

Daí as notas características da justiça serem a alteridade, o débito e igualdade (RODRÍGUEZ LUÑO, 1991, 227). Ela se subdivide em virtudes anexas (q. 80, r.), conforme o sujeito a quem se atribui o que é devido, em religião, em relação a Deus, a Quem nunca se atribui o que se deve (ST II-II, q. 81, aa. 2-5), piedade e respeito, em relação aos pais, autoridades e pátria (ST, II-II, q. 101, a. 1 e 3 e q. 102, aa. 1-3) e gratidão, a qual, aliás, excede a justiça, aos benfeitores (ST II-II, q. 106; BOEHNER, GILSON, 2004, 480; PRADO, 1991, 231).

O Aquinate modifica um pouco a proposta aristotélica que dividia a justiça em geral (que se confunde com a própria moralidade) e particular (justiça em sentido estrito). Na verdade, o Tomás de

---

[24] Sem esquecer que, de certo modo, todas as virtudes morais assumem um caráter intersubjetivo, de ligação com um interlocutor. Mas, sem dúvida, a noção de alteridade se mostra mais clara na justiça (PIEPER, 1960, 88).

Aquino propõe uma justiça geral, idêntica ao conjunto das virtudes (ST II-II, q. 58, aa. 5 e 6, rr.); geral (legal), ordenação do homem imediatamente ao bem comum; e particular (cardeal), ordenação do homem imediatamente a bens particulares (ST II-II, q. 58, aa. 7 e 8, rr.). Esta última será comutativa ou distributiva. (NASCIMENTO, 1996, 217).

A primeira forma de justiça particular objetiva o intercâmbio mútuo entre duas pessoas, numa igualdade aritmética, em contrapartida (ST II-II, q. 61, a. 4, r.). A justiça distributiva reparte o que é comum de modo geometricamente proporcional (ST II-II, q. 61, a. 1, r.), conforme uma série de critérios circunstancialmente variáveis. Numa comunidade ou Estado reinará a justiça quando as três relações básicas da vida comunitária forem ordenadas. Antes de mais nada, a relação de cada um com cada um (*ordo partium ad partes*); depois, a relação do todo social com cada um (*ordo totius ad partes*) e, por fim, a relação de cada um com o todo social (*ordo partium ad totum*) (PIEPER, 1960, 105).

Capítulo IV

O Direito na Suma Teológica

IV. 1. Aproximação

O Direito é tratado rapidamente na questão 57 da II-II da Suma Teológica, ao que se seguirá uma série de considerações sobre atos contrários à virtude da Justiça que se mostram mais interessantes de serem analisados juntamente com o Direito (ST II-II, qq. 60, 62-71, 77 e 78). De fato, Tomás de Aquino promove uma análise moral de uma série de atos, propondo soluções para problemas circunstanciais que muitas vezes apresentavam aspectos jurídicos. Algumas conjunturas mudaram ao longo dos séculos, mas a questão de fundo permanece sempre a mesma: Atuar conforme a justiça, dando o seu a cada um. É claro que outros valores e virtudes são levados em consideração[25], o que lança novas luzes às questões e demonstra como a Idade Média era uma época viva de debates, aproximando-se muito dos tempos atuais.

Para a sua síntese acerca do Direito, o Aquinate faz uso de toda a tradição jurídica ocidental, mormente do Direito Romano, Aristóteles, os estoicos e ainda de Santo Agostinho, Isidoro e de alguns de seus quase contemporâneos, como Hugo de São Vítor, Pedro Lombardo, Abelardo e do Decreto de Graciano (MOURA, 1996, 225).

---

[25] Hoje, por exemplo, é de grande importante o valor "segurança jurídica" que, segundo VIGO (2005, 271), deve ser entendida como valor anexo ou adjetivo da justiça.

A presença do Estagirita é de longe a mais marcante, seja pelo uso recorrente da "Ética a Nicômaco", que o próprio Tomás havia comentado (TORRELL, 2004, 264-266), seja por toda a Metafísica aristotélica que fundamenta suas ideias. Tomás de Aquino, porém, conseguiu superar alguns pontos obscuros das obras de Aristóteles e, indubitavelmente, pôde dar um renovado sentido à discussão moral. Por exemplo, o Aquinate estabeleceu de modo explícito a universalidade dos primeiros princípios da justiça natural, a fundamentação absoluta transcendente da eticidade e formulou a noção de bem comum, dentre outras inovações (MASSINI, 2005b, 77-78).O agir humano, seus vícios e virtudes, ganham, a partir da concepção cristã - na qual está inserido o Aquinate -, um peso de eternidade (TORRELL, 2004, 266).

Segundo Montejano (2005, 93), Tomás de Aquino aponta quatro significados do termo "direito": primeiro, um etimológico, citando Isidoro (ST II-II, q. 57, a. 1, s.c.); depois, objetivo, enquanto objeto da justiça; normativo, como ordenamento jurídico ou conjunto de normas e, por fim, como arte de discernir o justo (jurisprudência). O sentido objetivo é o que realmente interessa nesta análise, pois promove a ligação necessária entre a virtude da justiça e o direito. De certo modo, portanto, a justiça pressupõe o Direito, porque é este, através de um sistema de atribuições por meio de leis, o responsável por fazer algo (o direito) pertencer a alguém. Ora, somente depois de tal atribuição é que o que a cada um pertence pode ser dado (PIEPER, 1960, 72-73).

Em sentido estrito, o Direito possui algumas notas características: a alteridade ("é próprio à justiça ordenar o homem no que diz respeito a outrem"), a exterioridade, já que se ocupa do aspecto exterior da conduta e só indiretamente da intenção), a objetividade, pois se determina a si mesmo), a obrigatoriedade, imposta pelas exigências dos outros, sendo o direito estritamente exigível); e a possibilidade de coação, só atuada em caso de transgressão (MASSINI, 2005b, 93-94). Esta última é uma nota bem característica que permite fazer a distinção - nem sempre imediatamente clara – entre obrigações morais e jurídicas (ST II-II, q. 102, a. 2, c. 2; ST II-II, q. 106, a. 4, c. 1). A estas se pode ser coagido; às primeiras, tudo dependerá da honestidade do devedor (PIEPER, 1960, 86).

IV. 2. O DIREITO COMO OBJETO DA JUSTIÇA. DIVISÕES DO DIREITO

Se a justiça - ao contrário das demais virtudes, que aperfeiçoam o homem em relação a si mesmo - é aquela que ordena o homem no que diz respeito a outrem, implicando numa certa igualdade[26] ("o que se iguala se ajusta [*iustari*]"), segue-se que o seu objeto é o justo (*iustum*). Tomás de Aquino promove um jogo semântico entre os termos latinos *iustum* (justo) e *ius* (direito), para concluir que o Direito é objeto da justiça (ST II-II, q. 57, a. 2, r.).

Segundo MASSINI (2005b, 75), trata-se de uma inovação conceitual do Aquinate, uma vez que nem Aristóteles e nem mesmo o Direito Romano estabelecem exatamente o direito como um certo atuar, objeto da virtude da justiça. E este dever da justiça é, em relação às demais virtudes, o mais independente das modificações circunstanciais e, portanto, mais apto a ser fixado definitivamente (PIEPER, 1960, 38).

Tendo considerado o justo ou o direito como "uma obra ajustada a outrem, segundo certo modo de igualdade", tem-se que isso pode se realizar de dois modos: primeiramente, em virtude da natureza mesma das coisas ou, secundariamente, por convenção e ou

---

[26] A igualdade é tal que entre dois sujeitos dentre os quais um deles depende ou participa do outro, por exemplo, nas relações entre pais e filhos enquanto tais, não há propriamente direito, "mas um certo direito" (ST II-II, q. 57, a. 4, r.).

comum acordo, seja particular, seja por um meio público. Ao primeiro dá-se o nome de direito natural, ao segundo de direito positivo, tanto por contrato, como por lei geral (ST II-II, q. 57, a. 2, r.). Para Tomás de Aquino a vontade humana pode tornar justo o que antes era indiferente, desde que não contrarie a lei natural (ST II-II, q. 57, a. 2, sol.2.).

Detalhando ainda mais o dito acima, Tomás de Aquino distingue entre direito natural e direito positivo (ST II-II, q. 57, a. 2), baseando-se em Aristóteles (Ética a Nicômaco, V, 1134b)[27]. O primeiro é proveniente da própria natureza das coisas, imutável e inamissível, não podendo ser apagado do coração do homem quanto aos primeiros princípios, só quanto aos secundários, por causa dos vícios e costumes pervertidos. Imutável, sim, mas ligeiramente adaptável por adição (acréscimos para maior exatidão, feitos pelo direito positivo divino ou humano) ou subtração (sem jamais atingir os primeiros princípios, incidindo sobre o *ius gentium*). Seu título não é a vontade, mas a natureza humana (HERVADA, 2006, 85)[28].

Assim, o direito natural pode ser considerado como o conjunto de coisas que devem ser dadas a quem tem um título sobre elas segundo o determinado pela natureza das coisas. É o justo natural, proveniente da natureza mesma das coisas (HERVADA, 1996, 174). Faz parte da lei natural no que se refere às relações de justiça, ou seja, é uma regra natural de direito que regula relações de justiça legal,

---

[27] Nos dizeres de Aristóteles: "A justiça política é em parte natural e em parte legal; são naturais as coisas que em todos os lugares têm a mesmo força e não dependem de as aceitarmos ou não, e é legal aquilo que a princípio pode ser determinado indiferentemente de uma maneira ou de outra, mas depois de determinado já não é indiferente".

[28] Como se viu, a concepção de direito presente em Tomás de Aquino não pode ser compreendida sem uma determinada antropologia e visão acerca da natureza humana. Um dos problemas, talvez o maior, para a aceitação da doutrina jurídica tomista por parte da contemporaneidade seja a recusa desta em ver uma natureza própria do ser humano (PIEPER, 1960, 78).

distributiva e comutativa. Assim, pode-se considerar que a lei atua em relação ao direito como regra, mas não como causa: os direitos não existem porque há os preceitos, mas os preceitos existem porque existem os direitos (HERVADA, 2000, 154-155).

Os direitos naturais podem ser classificados em originários – que dimanam da natureza humana em si mesma – e subsequentes – que provêm da natureza humana em relação às situações criadas pelo homem, influenciadas pela historicidade. Os direitos originários podem também se dividir em direitos primários e derivados. Os primeiros representam bens fundamentais da natureza humana e suas tendências básicas. Os derivados são, como o nome indica, decorrentes de um direito primário (HERVADA, 2000, 78, 80). Neste sentido, a história não afeta o fundamento dos direitos naturais e tampouco sua titularidade. Afetará apenas a modalidade do direito se se referir a bens naturalmente influenciados pela historicidade ou mesmo poderá suspender ou anular a eficácia do título, mas nunca a titularidade em si. Também pode afetar a medida dos direitos naturais em relação ao entorno e ao estado da pessoa (HERVADA, 2000, 85-88).

O direito natural, por outro lado, também pode ser dividido em direito natural propriamente dito, direito das gentes (*ius gentium*) e outras formas especiais (direto paterno, dominativo e doméstico). O *ius gentium* – direito natural secundário - é constituído pelas normas de ação deduzidas dos primeiros princípios da lei natural, conhecidos por todos os seres humanos (MOURA, 1996, 224, 228, 229).

O direito positivo, ao contrário, depende da convenção humana - lei, costume ou contrato (HERVADA, 2006, 60) – e, sendo mutável, deve se submeter ao direito natural. Todo direito positivo que contradiga o direito natural é iníquo e não verdadeiro direito (MOURA, 1996, 223, 230). Note-se, porém, que uma vez positivado um legítimo direito, surge uma obrigação, agora não apenas jurídica, mas também moral, de obedecê-lo (VILLEY, 2005, 195). Assim, a norma jurídica positiva não pode ab-rogar os mandatos e proibições naturais; as condutas permitidas pelo direito natural, porém, podem ser objeto de regulação pela lei positiva, que atua delimitando-as e estabelecendo requisitos (HERVADA, 2000, 157-158).

IV. 3. A PRÁTICA DO DIREITO

APROXIMAÇÃO

Depois das considerações de natureza teórica sobre o Direito é chegado o momento de tratar da visão de Tomás de Aquino, tal como se apresenta na Suma Teológica, sobre a prática jurídica. Neste ponto serão analisados o ato de julgar, as personagens processuais e uma ponderação acerca da deontologia jurídica. Depois, serão tratados alguns atos contrários à justiça com especial relevância para o Direito, como o estudo da restituição, acepção de pessoas, homicídio, penas corporais, encarceramento, mutilação, furto, fraude e usura. A partir deste inventário se notará a riqueza de soluções facultadas pelo Realismo Jurídico clássico.

A) O JULGAMENTO (Q. 60) E SEUS PERSONAGENS (QQ. 67-71): CASOS DE DEONTOLOGIA JURÍDICA

a) O ato de julgar na Suma Teológica

Como já afirmado, o realismo jurídico clássico tem como bases filosóficas as doutrinas metafísicas e éticas de Aristóteles e Tomás de Aquino e também, como instrumental, toda a construção jurídica fornecida pelo Direito Romano. Por isso, o Digesto é citado nos artigos da Suma referentes ao Direito.

Para Tomás de Aquino, o julgamento é um ato de justiça, próprio do juiz enquanto tal. Em latim, juiz (*"iudex"*) significa "aquele que diz o direito". Sendo assim, o julgamento nada mais é do que uma determinação do que é justo ou direito (ST II-II, q. 60, a. 1, r.), ou seja, procede da virtude da justiça, enquanto inclina a julgar retamente, mas também da virtude da prudência[29] enquanto o profere.

Como a justiça ordena o ser humano em relação aos outros, é necessário que o ato de julgar seja exercido por uma autoridade superior, que possa arguir as duas partes (ST II-II, q. 60, a. 1, sol. 3.), o que confere ao juiz sua força coercitiva (ST II-II, q. 60, a. 6, sol. 4). Igualmente, se assevera a necessidade de leis escritas para o julgamento. Aqui cabe uma ponderação, feita pelo próprio Tomás de Aquino e já tratada acima: a lei escrita contém e institui o direito positivo, mas apenas contém o direito natural (ST II-II, q. 60, a. 5, r.).

Para que o julgamento seja verdadeiramente lícito, são necessárias três condições: que ele proceda de uma inclinação vinda da justiça; que emane de autoridade competente e que seja proferido segundo a reta norma da prudência. A falta de qualquer um destes três elementos tornará o juízo ilícito por vício de injustiça, usurpação (de competência) ou temeridade (ST II-II, q. 60, a. 2, r.).

Para justificar a necessidade da autoridade pública, Tomás de Aquino aponta que o julgamento interpreta o texto da lei, aplicando-o a um caso particular. Ora, se a atividade legiferante só pode ser exercida pela autoridade pública, o mesmo se aplicará à função judicante (ST II-II, q. 60, a. 6, r.). É de se ressaltar que para o Aquinate o juiz deve ser considerado ministro de Deus (ST II-II, q. 60, a. 2, c. 2) e, por isso, há o dever – não apenas moral, mas também político - de levar uma vida reta.

---

[29] A prudência é a virtude mais necessária à vida humana, pois viver bem consiste em agir bem, o que implica em fazer algo de modo correto. É um hábito da razão que dispõe sobre os melhores meios para o alcance dos fins buscados pelo agir humano (ST I-II, q. 57, a. 5, r.). É a forma de todas as virtudes (PIEPER, 1960, 49).

Daí pode se ver a importância do saber prudencial para o ato de julgar[30], "dizer o direito", ou seja, para se exercer a "jurisdição", que é um ato de governo *lato sensu*. O ato da prudência pelo qual o homem dirige a si mesmo e aos outros[31] é, ao lado da justiça, a verdadeira virtude do soberano (ST II-II, q. 50, a.1, c.1).

O conhecimento prático-prudencial é um processo que envolve três etapas em duas fases que devem estar coordenadas: a deliberação, o juízo (fase cognitiva) e o mandato (fase preceptiva). É preciso deliberar previamente para julgar acerca dos meios mais idôneos para um determinado fim prático. A falta de uma dessas fases acarretará um desvio na prática da prudência e, portanto, no juízo (MASSINI, 2006, 48-49).

Nestas fases se desenvolvem as partes integrantes da virtude da prudência que Tomás de Aquino estabelece em número de oito. Na fase cognitiva, há a memória, que considera o próprio conhecimento em relação ao passado; o intelecto, que faz o mesmo, mas em relação ao presente; a docilidade, que permite a aquisição do conhecimento pelo ensinamento; a sagacidade, rápida avaliação dos meios; e a razão, que faz o uso apropriado do conhecimento adquirido. A prudência preceptiva contém a previdência, que é a razão que ordena algo conveniente; a circunspecção, a razão enquanto leva em conta as circunstâncias da situação; e a precaução, a razão que evita os obstáculos (ST II-II, q. 48, r.)[32].

---

[30] Aliás, é a prudência a virtude responsável por determinar o meio regulador das potências, conduzido pelas demais virtudes (RODRÍGUEZ LUÑO, 1991, 137).

[31] Que é a felicidade ativa, diversa da felicidade contemplativa, a perfeita visão da suprema verdade (PIEPER, 1960, 59).

[32] Há ainda as partes potenciais da prudência (virtudes conexas ordenadas a atos ou matérias secundárias, não possuindo toda a potência da virtude principal): A *eubulia* (capacidade de deliberar bem), *synesis* (juízo relativo às circunstâncias ordinárias) e *gnome* (juízo sobre as causas em que é necessário se afastar da lei comum, no que se liga à noção de equidade) (ST II-II, q. 48, r.). Se a primeira diz respeito à reta deliberação, as outras duas são virtudes do reto juízo (RHONHEIMER, 2000, 243).

Entre as questões 67 e 71, o Aquinate dá algumas soluções acerca de problemas que podem surgir no desenrolar da atividade jurisdicional e afins. Não se trata, por óbvio, de uma simples seleção manualística de respostas prontas a serem consultadas por operadores do Direito com dúvidas de consciência, e muito menos uma antecipação medieval de uma futura ética de deontológica, em franca contradição com a ética das virtudes a que se dedica Tomás de Aquino. Em verdade, são tratamentos práticos aos problemas vividos na época.

O ato de julgar é visto detidamente nos seis artigos da questão 60, acima analisados. Da questão 67 até a 71, a serem vistas logo em seguida, o Aquinate se debruça sobre a problemática dos atos ilícitos das partes envolvidas no julgamento: juiz, acusador, réu, testemunhas e advogado.

b) O juiz

O julgamento – ação própria do juiz - é um ato de justiça, uma vez que implica a determinação reta ou definição do que é justo (ST II-II, q. 60, a. 1, r.). E será lícito exatamente na medida em que é um ato de justiça, ou seja, se procede de uma inclinação advinda da justiça, se emana de uma autoridade competente e se for proferido segundo a reta norma da prudência. Se faltar um desses requisitos, o julgamento será vicioso e, portanto, ilícito, seja por perversão, seja por usurpação[33], por suspeição ou temeridade (ST II-II, q. 57, a. 2, r.), como já visto.

Aliás, todo julgamento baseado em meras suspeitas é ilícito, tanto pela maldade intrínseca do agente que atribui facilmente o mal

---

[33] Há um ponto específico para a análise da usurpação, o artigo 6 da questão 60, além do artigo 1 da questão 67, que conclui pela interdição de o juiz incompetente proferir juízos.

aos outros, quanto pela má disposição de alguém com o seu próximo e, o que é menos grave, pela suspeita que surge de uma longa experiência, que na verdade diminui a própria suspeita, pois a experiência leva à certeza que afasta a suspeita (ST II-II, q. 60, a. 3, r.). Tudo considerado, como a má opinião sobre outrem é injuriosa e, portanto, ilícita, quando os indícios da maldade alheia não forem evidentes, deve-se lhes dar uma interpretação benevolente, interpretando favoravelmente a dúvida (ST II-II, q. 57, a. 4. r.).

O Aquinate também chama a atenção para a necessidade de se julgar sempre segundo as leis escritas, tanto aquelas que declaram o direito natural, como para as que contêm e instituem o direito positivo, dando-lhe força de autoridade (ST II-II, q. 60, a. 5. r.), atentando para o fato de que só é verdadeira lei o direito positivo que for conforme o direito natural (ST II-II, q. 60, a. 5. sol. 1) e que mesmo as boas leis podem ser deficientes em alguns casos, dada a sua generalidade, no que se deve apelar ao uso da equidade (ST II-II, q. 60, a. 5. sol. 2)[34].

A acepção de pessoas nos julgamentos é proibida, pois se trata de um desigualar onde deveria haver uma recondução à igualdade da justiça (ST II-II, q. 63, a. 4, r.). Ainda assim, o Aquinate ressalva que punir mais gravemente quem cometeu injúria contra uma pessoa de maior importância não comporta acepção de pessoas, pois neste caso a diversidade pessoal acarreta diversidade real (ST II-II, q. 63, a. 4, c. 2).

Ao julgar, o juiz deve fazê-lo através do que lhe vem ao conhecimento enquanto pessoa pública, seja por meio das leis, seja pelas provas apresentadas no processo. A ciência que por acaso tenha

---

[34] Sobre a importante virtude da equidade, Tomás afirma que dada a característica de generalidade da lei humana, por conta da enorme possibilidade de atos que devem ser regulados, podem ocorrer casos em que a aplicação rígida da lei seja injusta, por ferir o bem comum e a igualdade. A equidade, portanto, será esse corretivo da lei no caso concreto (ST II-II, q. 120, a. 1, r.).

o juiz de maneira privada deve no máximo ajudar-lhe a discernir mais rigorosamente as provas aduzidas (ST II-II, q. 67, a. 2. r.) tanto pela parte ré, como pela acusação. Ambas as partes precisam estar sempre presentes, devendo o juiz decidir entre as duas, uma vez que a justiça se pratica para os outros (ST II-II, q. 67, a. 3. r.).

Como o juiz não julga por si mesmo, mas enquanto investido de uma autoridade pública, não lhe é permitido absolver um réu se tiver motivos razoáveis para condená-lo, já que isto criaria uma situação injusta, lesando tanto o acusador, que pode ter o direito de exigir a punição do réu que lhe prejudicara, quanto o Estado, em nome de quem se exerce a justiça e cujo bem exige a punição dos malfeitores. Somente o governante tem autoridade para perdoar crimes, concedendo indulto ou remissão, e ainda assim só o poderá fazer se não representar nenhum dano à utilidade pública e se a vítima concordar (ST II-II, q. 67, a. 4. r.).

c) Acusação

Em relação à acusação, Tomás de Aquino estabelece o seguinte: todo aquele que tem conhecimento de um crime grave que cause a corrupção física ou espiritual da comunidade e que possa suficientemente prová-lo tem a obrigação de denunciá-lo a quem for cabível (ST II-II, q. 68, a. 1. r.). Aqui há também um grande dever de cautela para que se assegurem ao juiz todas as condições para uma sentença justa, daí a necessidade de se promover a acusação por escrito, para que haja segurança no julgamento (ST II-II, q. 68, a. 2. r.).

A confiabilidade das provas na acusação é tão importante que a calúnia, a prevaricação e a tergiversação são causas de injustiça no julgamento. A primeira é a falsa imputação maliciosa de um crime a alguém. A leviandade na acusação ou erro justificado, por óbvio, não são calúnia. Prevaricar é grave, pois que se alcança a absolvição de um culpado, fraudando a acusação (ST II-II, q. 68, a. 3, r.). O mesmo pode ser dito da tergiversação, desistir totalmente da acusação sem motivo fundado ou não sendo aquele que detém tal poder (ST II-II, q. 68, a. 3, sol. 3). Por último, resta a severa advertência de que o acusador injusto está sujeito à pena de talião, por conta da igualdade da justiça (ST II-II, q. 68, a. 4, r.).

d) Réu

Quanto aos atos próprios do réu, Tomás de Aquino aponta a grave malícia do ato de mentir ou de não confessar a verdade quando para isso instado pelo juiz, posto que isso feriria a justiça que impõe a obediência a seu superior, *in casu*, o juiz, como também o ato de caluniar a outrem para se defender (ST II-II, q. 69, a. 2, r.). Se, porém, o juiz pedir o que não pode na forma do Direito o acusado não está obrigado a responder-lhe, podendo recorrer ou se utilizar de outro meio juridicamente lícito (ST II-II, q. 69, a. 1, r.).

Nessa mesma linha, os recursos meramente protelatórios contra sentenças perfeitamente justas são expediente errôneo para se tentar livrar o réu de sua condenação (ST II-II, q. 69, a. 3, r.). Quanto à condenação à morte, se esta for injusta, há o direito de se defender, fugindo ou fazendo algo para evitar a execução. O oposto, se a condenação capital foi justa e merecida (ST II-II, q. 69. a. 4, r.). Neste caso, o condenado não pode resistir em ser executado. Deve sim, negar-se a qualquer ato pessoal que implique em sua morte, pois isso seria equivalente a suicídio (ST II-II, q. 69, a. 4. sol. 2).

e) Testemunhas

Para as testemunhas surge o dever de testemunhar se isto é exigido por uma autoridade competente e se a intimação versar sobre algum fato determinado. Em caso de julgamento que se manifeste injusto, também se deve testemunhar a fim de se evitar qualquer dano, mesmo que não tenha havido uma intimação pela autoridade competente (ST II-II, q. 70, a. 1, r.).

Quanto ao número de testemunhas necessárias, Tomás de Aquino faz uma série de ponderações de caráter bíblico e mesmo simbólico acerca do número três, segundo ele, o mais apropriado para a confiabilidade do julgamento, mas o que fica claro é que nos julgamentos humanos basta a certeza provável (verossimilhança), que se aproxima o mais possível da verdade (ST II-II, q. 70, a. 2, r.)[35].

Também em relação a um possível desacordo entre as testemunhas, assevera que seus depoimentos perdem o valor se discrepam em circunstâncias principais, isolando-se cada uma delas em sua posição. Nesse caso, o magistrado deve decidir *pro reo*, pois "o juiz deve ser mais fácil em absolver do que em condenar". Se a divergência for apenas em questões subalternas não há problemas em relação à confiabilidade do testemunho, ao invés, isso lhe aumenta, pois do contrário poder-se-ia suspeitar que houve uma combinação entre as testemunhas se concordam até mesmo nas minúcias (ST II-II, q. 70, a. 2, sol. 2). Cometer falso testemunho é sempre gravíssimo, pois se trata de perjúrio (só se admitiam testemunhas juradas),

---

[35] Aí se nota a influência da retórica, que trabalha com a verossimilhança, para o discurso jurídico (REBOUL, 1998, 95-96). O próprio Aquinate se refere a esses graus de certeza: A prudência em sentido amplo, que inclui a ciência especulativa, tem como partes a "física", ciências demonstrativas que trabalham com o conceito de necessidade; a "dialética", que faz uso de probabilidades para fundar uma opinião (provável) e a "retórica", tecida em torno de conjecturas que criam suspeita ou uma certa persuasão (ST II-II, q. 48, r.). Atente-se, porém, que a "metodologia da persuasão" pressupõe e se funda sobre os valores teóricos e morais. De fato, já Aristóteles se referia especificamente a um gênero retórico judiciário, elaborado com base nos conceitos de justo e injusto (REALE, 1994, 471, 478). Além disso, a retórica é entendida pelo Aquinate como parte subjetiva da prudência, logo não pode estar dela destacada.

injustiça, proibida expressamente pelo 8º Mandamento e falsidade (ST II-II, q. 70, a. 4, r.).

Por último, em relação à pessoa da testemunha, há algumas delas que devem ser rejeitadas não apenas por sua própria culpa, mas também por algumas circunstâncias especiais que tornam especialmente improváveis seus testemunhos. Assim, por exemplo, crianças, dementes (falta de razão), inimigos, parentes e domésticos (afeição) e os que estão em situação de sujeição (ST II-II, q. 70, a. 3, r.).

f) Advogado

A última personagem processual analisada pelo Aquinate é o advogado. Desde logo, aponta a não obrigatoriedade por parte do advogado de patrocinar a causa de quem não lhe pode pagar, excetuando se não há outro meio de socorrê-lo imediatamente. Afora esta última hipótese, o patrocínio gratuito se enquadra tão-somente como obra de misericórdia, meritória sem dúvida, mas não necessária em todos os casos (ST II-II, q. 71, a. 1, r.). Quanto à pessoa do advogado, há que se atentar quanto a impossibilidade absoluta de seu exercício por parte dos incapazes e o impedimento relativo em relação a algumas pessoas em determinadas circunstâncias.

Tomás de Aquino chama a atenção para algumas características apropriadas ao advogado: deve ter competência no saber (*interior peritia*) e facilidade em falar e escutar (ST II-II, q. 71, a. 2, r.). O advogado não deve aceitar patrocinar uma causa reconhecidamente injusta, uma vez que é "ilícito cooperar com o mal, aconselhando, ajudando ou consentindo de qualquer modo" (ST II-II, q. 71, a. 3, r.). Se no decorrer do processo, o advogado fica a saber que a causa que aceitara era injusta, deve abandoná-la, mas sem trair seu antigo cliente, procurando que este desista da ação intentada ou que entre em composição com seu adversário (ST II-II, q. 71, a. 3, sol.2.). Por último, é lícito ao advogado receber por seus serviços, mas a retribuição deve ser moderada, conforme a condição das pessoas, os serviços prestados, o trabalho despendido e os costumes do local (ST II-II, q. 71, a. 4, r.).

B) A RESTITUIÇÃO (Q. 62)

A restituição - restabelecimento de alguém na posse ou domínio do que é seu – é um ato da justiça comutativa, uma vez que o que se visa é uma igualdade compensatória (ST II-II, q. 62, a. 1, r.) e é dever levá-la a cabo o quanto antes (ST II-II, q. 62, a. 8, r.), mesmo quando o prórpio objeto tomado já não puder ser devolvido (ST II-II, q. 62, a. 2, r.)[36], tanto por quem efetivamente retém o alheio contra a vontade de seu dono por furto ou roubo, depósito ou empréstimo (ST II-II, q. 62, a. 6, r.), quanto pelos que participaram do ato por "mando, aconselhamento, consentimento, encorajamento, receptação, participação, silêncio, não-oposição ou não denúncia" (ST II-II, q. 62, a. 7, r.). Não se confundam os conceitos de restituição e reparação do dano, o qual poderá ser imposto pelo juiz. A primeira restabelece a igualdade, a segunda é, segundo o Tomás, uma penalidade que deverá ser aplicada em determinados casos (ST II-II, q. 62, a. 3, r.).

A seguir, o Aquinate trata de um tema interessantíssimo, muito pertinente nas discussões atuais acerca da responsabilidade civil por dano, distinguindo entre o dano que tira o que já se possui e o que prejudica a outrem, impedindo-o de conseguir o que estava em vias de obter. O primeiro caso exige restituição exata, o segundo, dado a sua mera potencialidade, não a admite e, caso efetivada, seria, ela sim, injusta, porque desigual (ST II-II, q. 62, a. 4, r.).

---

[36] Neste caso, deve-se buscar uma equivalência com outro objeto (ST II-II, q. 62, a. 2, sol. 1).

C) A DISCRIMINAÇÃO DE PESSOAS (Q. 63)

A discriminação que leva em consideração a pessoa envolvida e não uma devida causa se opõe à justiça distributiva, uma vez que a igualdade desta justiça implica "em dar às diferentes pessoas atribuições diversas, em proporção com a dignidade dessas pessoas" (ST II-II, q. 63, a. 1, r.). O importante para caracterizar a acepção de pessoas é a motivação para a discriminação. Se ela for baseada apenas na pessoa será injusta; se numa causa proporcionada, será justa.

A manifestação de honra e respeito em relação a alguém só será justa se tiver como causa a virtude de quem ela é atribuída. Tomás de Aquino nota, porém, que alguém pode ser honrado pela virtude de outrem, especificamente é o caso dos governantes, prelados, pais (porque participam da dignidade de Deus) e anciãos (porque a velhice é sinal de virtude).

D) O HOMICÍDIO (Q. 64)

O homicídio é o dano mais grave que pode se causar ao próximo (ST II-II, q. 64, prol.), considerado aqui enquanto pessoa, uma vez que matar animais e plantas é uma utilização desses seres segundo o fim a que são destinados, enquanto inferiores que são aos homens (ST II-II, q. 64, a. 1, r.).

Em relação à pena de morte cabe antes uma observação sobre as características da pena analisadas na questão acerca da *vindicatione*. Ali, se assevera que a pena deve procurar produzir um bem naquele que é castigado, se possível a sua correção ou pelo menos sua repressão, a tranquilidade dos outros, a preservação da justiça e a honra de Deus (ST II-II, q. 108, a. 1, r.). A aplicação de uma pena é lícita e virtuosa enquanto tende a reprimir o mal (ST II-II, q. 108, a. 3, r.), restaurando a igualdade da justiça, na medida em que aquele que praticou algo de ilícito, seguindo indevidamente a própria vontade, sofre alguma coisa contrária a esta vontade (ST II-II, q. 108, a. 4, r.).

No artigo 2º da questão 64, Tomás de Aquino justifica a pena de morte utilizando-se do argumento de que assim como a parte está para o todo, "cada pessoa está para a sociedade". Um homem gravemente perigoso para a comunidade (ST II-II, q. 64, a. 2, sol. 2) e que ameace corrompê-la pode ser morto para a preservação do bem comum (ST II-II, q. 64, a. 2, r.). Atente-se para o fato de que a morte do malfeitor só pode ser aplicada por aquele a quem incumbe a conservação da comunidade, ou seja, pelos governantes. As pessoas privadas não podem, portanto, aplicar a pena de morte (ST II-II, q. 64, a. 3, r.). Trata-se do "poder da espada" que confere ao governante e seus oficiais judiciais ou militares o poder de executar criminosos e promover a guerra (FINNIS, 1998, 275).

No artigo 7º, o Aquinate apresenta a teoria do ato com duplo efeito, um dos quais desejado e o outro não. Trata desse tipo de ato ao discorrer sobre a legítima defesa, em que é permitido até mesmo matar se for necessário para defender a própria vida ou de quem se tem o dever de cuidado. Assim, o homicídio defensivo só será legítimo se o efeito que se desejava era a conservação da própria vida a qual, no caso, só se alcançaria com a morte do agressor. Para isso também os meios devem ser proporcionados para o alcance do fim almejado – a conservação da própria vida e não a morte do agressor (ST II-II, q. 64, a. 7, r.).

Por último, trata da culpabilidade nos homicídios, com importante contribuição no problema dos homicídios culposos. Se não havia intenção de matar, em princípio não há ato ilícito, exceto se a morte for causada por um ato ilícito anterior, este sim querido e desejado. Do mesmo modo, se ao atuar ainda que licitamente não se tomam as precauções devidas e a diligências necessárias (ST II-II, q. 64, a. 8, r.).

E) Outras injustiças contra a pessoa (Q. 65): Licitude da mutilação (a. 1)

Neste artigo, Tomás de Aquino trata tanto da mutilação para fins de garantir a saúde corporal do indivíduo, quanto para a punição de certos crimes pela autoridade competente. Em relação ao primeiro problema, assevera que pode haver situações em que a ablação de um membro seja necessária para a salvação da pessoa. Exigia ainda que houvesse consentimento do doente para licitude da amputação (ST II-II, q. 65, a. 1, r.).

Quando Tomás de Aquino escreveu, as amputações eram meio doloroso e perigosíssimo de tentar salvar a vida do paciente. Daí a necessidade de sua anuência para a consecução da cirurgia e a licitude de que se negasse a se submeter a este meio, à época extraordinário. Hoje, quando a amputação é muito mais segura e indolor – tornou-se um meio ordinário – seria, ao contrário, ilícito negar-se a submeter-se a ela se fosse o meio necessário de salvar a própria vida (HERVADA, 2000, 145-146). Como os preceitos da lei natural são ditados pela razão prática no caso concreto, mudanças nas circunstâncias do caso podem gerar a substituição da norma, como visto acima.

F) O Furto e a rapina (Q. 66): A posse e o uso dos bens exteriores

Esta questão apresenta especial interesse em seus dois primeiros artigos que discutem se a posse de bens exteriores é natural ao homem e se é lícito possuir algo como próprio. No primeiro artigo, o Aquinate esclarece que as coisas exteriores podem ser encaradas sob dois aspectos: primeiro em sua natureza, que não está sujeita ao poder humano, mas só ao divino (domínio principal - ST II-II, q. 66, a. 1, sol.1) e, segundo, quanto ao uso. Neste último sentido, o homem pode, usando as faculdades da razão e da vontade, usar dessas coisas para a sua utilidade. Isso fica ainda mais claro ao se considerar que os seres menos perfeitos devem servir aos mais perfeitos (ST II-II, q. 66, a. 1, r.).

Quanto aos bens exteriores ao homem competem duas atribuições; de gerir e dispor e de usar. No primeiro caso, é não apenas lícito que o homem possua bens como próprios, mas mesmo necessário, uma vez que cada um cuida melhor daquilo que é seu do que é comum a todos ou a muitos; há mais ordem quando o cuidado de uma coisa é fixado a uma determinada pessoa e ainda porque a paz entre os homens é mais garantida quando cada um se contenta com o que é seu.

Na atribuição de uso, considera que ele deve ser utilizado tendo em vista as necessidades dos outros (ST II-II, q. 66, a. 2, r.). A propriedade não é, portanto, de direito natural primário, mas secundário, prolongando-o por determinação através do direito positivo (ST II-II, q. 66, a. 2, sol.1). Por isso, o furto e a rapina são contrários à justiça (ST II-II, q. 66, aa. 3 a 9). A propriedade que em princípio é comum, portanto, se divide para maximizar seus frutos, voltando a ser comum nos benefícios (MONTEJANO, 2005, 216).

G) A FRAUDE (Q. 77)

Nas comutações voluntárias, neste caso nas transações comerciais, a boa-fé é absolutamente necessária, pelo que o emprego de fraude para vender algo acima do seu preço é absolutamente proibido. Como o contrato de compra e venda foi instituído para proveito comum, não deve ser mais oneroso para um do que para outro. Daí se conclui que vender mais caro ou comprar mais barato do que o valor da mercadoria, independentemente de fraude, é também ilícito e injusto. Isto não se aplica nas hipóteses em que o proveito de um e o prejuízo do outro se dão acidentalmente (ST II-II, q. 77, a. 1, r.).

Os defeitos na coisa vendida – quanto à natureza, à quantidade ou à qualidade –, se conhecidos pelo vendedor e por ele ocultados, tornam esse negócio injusto (ST II-II, q. 77, a. 2, r.). Como também é sempre ilícito expor outrem à ocasião de perigo ou de dano, o vendedor tem obrigação de manifestar os vícios ocultos de determinada mercadoria. Se o vício for óbvio, não há obrigatoriedade de manifestá-lo (ST II-II, q. 77, a. 3, r.). O vendedor não está obrigado a apregoar os defeitos de suas mercadorias, pois isto afastaria os interessados. Aos que se interessarem em comprar, porém, deve mostrar os defeitos para que possam estar em condições de promover uma ponderação entre as condições boas e más (ST II-II, q. 77, a. 3, sol. 2).

No artigo 4, Tomás de Aquino considera que o comércio em si, por visar o lucro e não meramente a satisfação das necessidades da vida, como o fazem o chefe de família e o governante, *"quandam turpitudinem habet"*. Em seguida, porém, aponta que o lucro, ainda não sendo algo edificante, também não é necessariamente vicioso ou contrário à justiça, quando se ordena a um fim necessário e honesto, como a remuneração pelo trabalho, o sustento familiar, o auxílio aos necessitados ou a utilidade pública (ST II-II, q. 77, a. 4, r.).

H) A USURA (Q. 78)

Para Tomás de Aquino o recebimento de juros pelo empréstimo de dinheiro é injusto – daí a obrigação de restituição (ST II-II, q. 78, a. 3, r.) -, pois tratar-se-ia de vender algo que não existe, uma vez que, segundo a consideração aristotélica, a pecúnia foi criada apenas para facilitar as transações, não tendo valor em si mesmo. Tomás distingue aqui aquelas coisas cujo uso se confunde com o consumo, como os alimentos e o próprio dinheiro, e aquelas cujo uso e consumo podem ser separados, como a moradia (ST II-II, q. 78, a. 3, r.). Nesse caso, é possível a cobrança pelo uso (aluguel), impossível no caso da cessão de pecúnia, que é consumida.

Note-se que há uma diferença circunstancial entre a época em que o Aquinate escreveu e a atual. Ali, de fato, recomeçavam as transações comerciais e o dinheiro podia se considerado apenas como instrumento de facilitação dos intercâmbios, não como capital. Hoje, a realidade se apresenta diferente. Pode-se dizer que o dinheiro tem um valor (flutuante, é claro) e as características de uma economia de mercado globalizada nem mesmo exigem a presença de um lastro que assegure o valor real da moeda. Este é um caso patente de influência histórica sobre um direito natural subsequente, como analisado acima (HERVADA, 2000, 79).

Parece que essa modificação na significação do dinheiro que começava a se dar em sua época, por conta do desenvolvimento comercial, foi de certo modo percebida por Tomás de Aquino. No artigo 4º desta questão, asseverando que é permitido tirar um bem do pecado de outrem, o Aquinate afirma a licitude de se tomar empréstimo, mesmo que a juros, desde que não se tenha induzido aquele que empresta a isso (ST II-II, q. 78, a. 4, r.).

CONCLUSÃO

Findo o trabalho de coleta dos dados sobre a temática jurídica presentes na Suma Teológica, é chegado o momento de se estabelecerem algumas conclusões e propostas.

Antes de mais nada, deve ficar claro que o recurso ao Doutor Angélico para um estudo da teoria e prática do Direito é mais do que justificado. Como todo clássico, a obra tomista tem muito a dizer ao homem contemporâneo. Como afirma MOURA (1998, 273),

> *os nossos presunçosos contemporâneos do século XX em geral desconhecem os elevados cumes da arte, da ciência e da filosofia a que ascenderam cristãos e muçulmanos da Idade Média. Embevecidos hoje com as descobertas da técnica, com os avanços da medicina, os homens atrofiaram-se no que há de mais humano neles mesmos, nas profundezas do pensamento metafísico.*

Pode-se mesmo afirmar, sem riscos de erro, que todo o patrimônio de sabedoria coligido pela Humanidade tem por si mesmo certo poder supratemporal, devendo ser acolhido ao menos como elemento crítico apto a auxiliar na solução dos problemas que hoje se apresentam.

Ora, isso é ainda mais verdadeiro em se tratando de Tomás de Aquino. A clareza do pensamento, a capacidade de concisão, o respeito à verdade eterna proferida pela boca de outros, a busca sincera e constante por esta mesma verdade e, por fim, mas não em último lugar, a própria vida profundamente coerente que levou o Aquinate são elementos que nele potencializam a natural força dos clássicos.

Por isso, Tomás de Aquino também é mestre autorizado no que toca ao Direito. E o é porque, sendo teólogo que necessariamente passa por temas filosóficos, estuda a moral como meio apto não apenas para tornar o homem feliz nesta Terra, mas também na eternidade. Sendo assim, não vê e não poderia ver o Direito como algo separado de modo estanque e absoluto da moral. É o que lembra MacIntyre (2001, 291):

> *nessa perspectiva medieval, bem como na antiga, não há espaço para a distinção moderna entre direito e moralidade, e não há espaço para isso devido ao que o reino medieval tem em comum com a polis, segundo Aristóteles a concebia: ambos são concebidos como comunidades nas quais os homens em conjunto buscam o bem humano, e não – o que o estado liberal moderno crê ser – a mera arena onde cada indivíduo busca seu próprio bem privado.*

Justamente o que permite construir uma ponte conceitual entre Moral e Direito é a virtude da justiça. Ela, a mais elevada das virtudes morais, virtude social por excelência, que se dirige ao bem do outro, através da entrega da coisa justa, e a distribuição dos bens e encargos políticos por meio de certos critérios, deve dirigir e fundamentar toda construção e solução jurídica e política.

Essa era a expressão da justiça para Tomás de Aquino e que por longo tempo foi compartilhada pela ao menos pela Europa ocidental. Como alerta MacIntyre (2001, 409), porém, onde não há uma noção conjunta de justiça, falta também um sentido de comunidade política. É o que se observa na individualista e utilitarista contemporaneidade. Falta-lhe o sentido objetivo da moral que somente uma Ética das virtudes, tal como propugnada por Tomás de Aquino, pode facultar.

Nesse sentido, o resgate da imbricação entre justiça e direito pode representar um amplo auxílio no alcance do bem comum, fim que sempre deve ser o almejado pela sociedade política, e da realização pessoal de seus membros. Isso ficou obviado pela rica análise feita por Tomás acerca de diversos problemas jurídicos que se lhe apresentavam. Interessantes soluções dadas há mais de sete séculos podem auxiliar substancialmente aqueles que se dedicam à arte jurídica (juízes, advogados, etc.), mas igualmente a todos os interessados em levar uma vida reta, em outras palavras, uma vida que vale a pena ser vivida.

Parafraseando LIMA (2001), em sua "Introdução ao Direito Integral", nesta concepção completa de Direito, este perde qualquer caráter egoísta, para conservar sua plena objetividade e adequação ao bem comum, deixando de ser identificado com qualquer privilégio pessoal, para ser uma coordenação de atividades sociais. Será o meio mais apropriado para o alcance dos fins próprios da sociedade e prestará preciosa ajuda para o alcance daquela felicidade – a única verdadeira – fundamentada na prática das virtudes.

Finaliza-se este trabalho com uma severa advertência feita à contemporaneidade em relação à visão do Direito tal como compreendido por Tomás de Aquino. Vê-se que o Direito, se corretamente entendido, ainda tem – sempre terá – um importante papel a desempenhar e que a sua abolição, a sua incompreensão, no fundo, nada mais será do que um aspecto da abolição do homem (LEWIS, 2005, 63).

REQUISITOS FUNDAMENTAIS DA LEI POSITIVA SEGUNDO O REALISMO JURÍDICO CLÁSSICO

1. A DOUTRINA CLÁSSICA SOBRE A LEI

Segundo a doutrina do assim chamado Realismo Jurídico clássico e especialmente do pensador que fundamenta o presente texto – Tomás de Aquino - são necessários alguns requisitos de ordem metapositiva para que uma lei humana (lei positiva) seja considerada verdadeiro elemento da Ordem Jurídica. Este trabalho pretende descrever a fundamentação jusfilosófica desta doutrina.

Segundo a doutrina do Realismo Jurídico clássico a lei é entendida mais numa função de auxiliar no exercício das virtudes do que como simples indicadora dos atos a serem praticados (ABBÀ, 1996, 67). Essencialmente, a definição tomista de lei é "certa regra e medida dos atos, segundo a qual alguém é levado a agir ou apartar-se da ação" (ST I-II, q. 90, a. 1, r.). Como a razão é a norma suprema dos atos humanos (BOEHNER; GILSON, 2004, 480), cabendo a ela ordená-los ao fim, é óbvio que a lei é algo pertencente à razão (ST I-II, q. 90, a. 1, r.).

Tomás de Aquino trata da lei humana no artigo 4º da questão 95 da I-II da Suma Teológica. Neste artigo, o Aquinate considera a conveniência da divisão das leis humanas referida na obra "Etimologias" de Isidoro de Sevilha, fornecendo quatro critérios de classificação ou, adotando-se a sua terminologia, "quatro razões da lei humana". Estes critérios é que devem ser compreendidos como as características da lei humana e, portanto, para o que interessa aqui, da lei positiva, seja ela qual for.

Estabelece primeiramente o Aquinate que "é da razão da lei humana que seja derivada da lei natural (...). E, de acordo com isso, divide-se o direito positivo em direito das gentes e direito civil, segundo os dois modos pelos quais algo deriva da lei da natureza" (ST I-II, q. 95, a. 4, r.).

O primeiro – "direito das gentes" - deriva da lei natural como conclusões dos princípios (por exemplo, compras, vendas, etc.; coisas sem as quais o homem, animal social, não pode viver), comum a todas as comunidades políticas e, por isso, podendo ser considerado como o embrião do Direito Internacional[37]. Já o "direito civil", é aquele regramento específico – por determinação - que cada comunidade política (*civitas*, daí civil) produz a partir dos amplos princípios da lei natural. Interessante notar que a terminologia é do Direito Romano, expressamente citado por Tomás de Aquino em outra passagem da Suma (ST II-II, q. 57, a. 2, r.).

Pode-se afirmar, numa analogia metafísica de bases aristotélicas, que a derivação da lei natural, *per modum conclusionum* ou *per modum determinationis* (ST I-II, q. 95, a. 2, r.), é a causa formal da lei humana.

Também "é da razão da lei humana que ordene ao bem comum da cidade (...)" (ST I-II, q. 95, a. 4, r.), ou seja, não ao "fim do indivíduo enquanto tal" (BOEHNER, GILSON, 2004, 480; MASSINI, 2005, 76). Esta seria a causa final da lei humana.

Ainda, "é da razão da lei humana que seja instituída pelo que governa a comunidade da cidade (...). E de acordo com isso

---

[37] A afirmativa, no entanto, é discutida pela doutrina. De qualquer modo, pode-se perguntar se o *Ius Gentium*, muito amplo, não poderia ser enquadrado na categoria mais contemporânea de direito fundamentais.

distinguem-se as leis humanas segundo os diversos regimes das cidades (...)" (ST I-II, q. 95, a. 4, r.). Tem-se aí a causa eficiente da lei positiva.

Por último, a causa material, que estabelece que "é da razão da lei humana que seja diretiva dos atos humanos" (ST I-II, q. 95, a. 4, r.). Ou seja, seja conforme a igualdade de proporção, atribuindo a cada cidadão o que lhe deve ser dado, segundo as circunstâncias locais e temporais (ST I-II, q. 96, a. 4, r.).

Aqui estão estabelecidas, portanto, as quatro características da lei humana que se pretenda verdadeira lei: Deve ser conforme a lei natural, dirigida ao bem comum da comunidade política, provir de autoridade competente e, finalmente, adaptada às circunstâncias e necessidades da sociedade em que será aplicada. Os quatro elementos devem estar conjugados e são interdependentes, como se verá mais abaixo.

Ainda uma breve observação. Como a lei é um ato da razão e apela à liberdade humana, demanda ser de algum modo conhecida. Disto surge a necessidade de sua promulgação (ST I-II, q. 90, a.4, r.). Neste sentido, é conveniente enumerar entre os atos próprios da lei o ordenar atos virtuosos, proibir atos viciados, permitir atos indiferentes e punir, induzindo a que seja obedecida (ST I-II, q. 92, a. 2, r.; DIGESTO 1, 3, 7). Passa-se em seguida a analisar brevemente os quatro requisitos referidos segundo a doutrina clássica.

2. Conformidade à lei natural

Em relação à lei natural, para Tomás de Aquino ela nada mais é do que o exercício participativo da criatura racional na lei eterna, mediante certos princípios comuns (Boehner, Gilson, 2004, 481), pelos quais se tem a inclinação natural ao devido ato e fim (ST I-II q. 91, a. 2, r.). Obviamente, só é possível compreender a doutrina da lei de Tomás de Aquino ao se levar em consideração a cosmologia e a ontologia escolásticas (Friedrich, 2004, 70). Para Maritain (1977, 175) "(...) a obrigação moral se resolve no ontológico".

Denomina-se lei natural, pois não procede de fatores culturais, mas da própria estrutura psicológico-moral do ser humano. Por conseguinte, pode ser dita universal e imutável (ST I-II, q. 94, a. 4, r.; ST I-II, q. 94, a. 6, r.; ST I-II, q. 94, a. 5, r.), o conjunto de leis racionais que expressam a ordem das tendências ou inclinações naturais para os fins próprios do ser humano, sendo ínsito ao ser humano o inclinar-se a agir segundo a razão (ST I-II, q. 94, a. 4, r.). Trata-se daquela ordem que é própria do ser humano enquanto pessoa (HERVADA, 2000, 125, 128).

O homem tem um ser objetivo e na medida em que a ordem moral é a ordem do ser, a moralidade consiste em uma ordem objetiva e não em um mero produto imanente da consciência. A lei natural expressa as exigências objetivas da natureza humana, necessidades de bem e de justiça (HERVADA, 1996, 157).

Esta lei natural tem papel semelhante, na razão prática, ao exercido pelos primeiros princípios indemonstráveis e naturalmente conhecidos da razão teórica (ST I-II, q. 94, a. 2, r.)[38]. A partir desses preceitos gerais da lei natural são produzidas conclusões para se dispor mais particularmente das coisas (ST I-II q. 91, a. 3, r.). Uma das funções específicas da lei natural, portanto, é a de ser a base do ordenamento jurídico e da ordem política.

---

[38] Observe-se que os primeiros princípios não são proposições tautológicas, mas proposições *per se notae*, conhecidas em virtude das próprias noções que as compõem (MARITAIN, 1977, 173-174). São propriedades dos primeiros princípios: notoriedade, indemonstrabilidade, inerrância, universalidade, imutabilidade, indelebilidade e caráter de fins. FINNIS (2007, 38-39) lhes confere também um caráter de pré-moralidade, mas sua posição tem seus críticos, por não ser coerente com a sistemática tomista (GARCÍA-HUIDOBRO, 1993, 49-74; ELDERS, 2008, 53-54).

Como já afirmado, o modo pelo qual o homem chega ao conhecimento da lei natural é assemelhado àquele pelo qual alcança o conhecimento dos primeiros princípios da razão especulativa. Não se trata de um conhecimento infuso, inato ou sobrenatural, nem mesmo um conhecimento dedutivo. São princípios autoevidentes e indemonstráveis, cuja retidão a inteligência percebe imediatamente (De Boni, 2003, 95; Finnis, 1998, 87). O entendimento humano é capaz de conhecer verdadeiramente a lei natural ao conhecer a natureza humana e suas inclinações naturais (HERVADA, 1996, 159).

Os meios de captação da lei natural não são o raciocínio e a argumentação, mas o conhecimento por evidência. A razão prática apenas transforma em preceito a inclinação natural (HERVADA, 2000, 136, 145). Assim, o que provém dos primeiros princípios por via de dedução, através de um juízo silogístico prático (HERVADA, 1996, 172), pertence aos *ius gentium*, como aludido acima. O que provém por determinação corresponde à lei humana (FINNIS, 1998, 80, 268). A determinação é uma opção entre as distintas possibilidades que se abrem ao sujeito para cumprir os muitos preceitos da lei natural.

A lei natural não pode ser propriamente dita um hábito, uma vez que é algo constituído pela razão como um instrumento. Por outro lado, pode se dizer que os preceitos da lei natural estão em ato e em potência na razão. Neste último caso, é possível se afirmar que a lei natural é um hábito (ST I-II, q. 94, a. 1, r.) que tem por sujeito um acidente da substância do homem, a sua inteligência (MOURA, 1996, 227).

A ordem dos preceitos da lei da natureza se dá segundo a ordem das inclinações naturais, o que o homem apreende como bem e, por conseguinte, obras a serem perseguidas. São em três níveis as tendências naturais: gênero remoto do ser, gênero próximo do animal e espécie racional (HERVADA, 1996, 165). Assim, pertence à lei natural aquelas coisas pelas quais a vida é conservada, a união dos sexos, a educação dos filhos e conhecer a verdade e para que se viva em sociedade, evitando a ignorância, não ofendendo seus semelhantes, etc. (ST I-II, q. 94, a. 2, r). Em suma, deve-se fazer o bem e evitar o mal. Esta é a lei suprema da qual derivam todos os demais deveres (Boehner, Gilson, 2004, 481).

O intelecto, ao entrar em contato com a realidade, capta de modo evidente e imediato a noção de ser e, em seguida, apreende de modo igualmente evidente os primeiros princípios. Se isso é válido para a razão especulativa, também o é para a prática, porém, neste caso trata-se de conhecer a regra de ação e aplicá-la. Esta possui dois tipos de objetos: um factível (obras exteriores feitas pelo homem), capacitado pela arte, razão reta de fazer certas obras (ST I-II q. 57, a. 3, r.), e um outro, atuável, capacitado pelas virtudes da sindérese (hábito dos primeiros princípios práticos) e da prudência (hábito de saber agir bem, *"recta ratio agibilium"*)[39].

Os preceitos da lei natural são distinguíveis em originários e subsequentes. Os primeiros são aqueles que nascem diretamente da natureza humana, os segundos são ditados pela razão natural em relação a uma situação criada pelo homem. Podem ainda ser classificados como preceitos necessários e contingentes. Necessários são os que enunciam mandatos e proibições que são exigidos incondicionalmente pela natureza humana. Contingentes são os preceitos que contém permissões e capacidades naturais que podem ser reguladas pela lei natural. Esta classificação nasce do fato de que há matérias reguláveis pela lei positiva, mas que anteriormente à positivação não permaneciam em estado de anomia, tendo uma regulação natural, modificável pela lei positiva (HERVADA 2000, 142).

---

[39] Para a diferenciação entre arte e prudência, ver HERVADA (1996, 159-160) e a própria Suma Teológica (ST I-II, q. 57, a. 4.).

O próprio Aquinate o demonstra ao afirmar que "todos os atos das virtudes dizem respeito à lei natural" e, depois, que "a lei humana, porém, não preceitua sobre todos os atos de todas as virtudes, mas apenas sobre aqueles que são ordenáveis ao bem comum, ou imediatamente (...), ou mediatamente (...)" (ST I-II, q. 96, a. 3, r.), bem como não proíbe todos os vícios, mas somente os mais graves e principalmente aqueles que são em prejuízo de outrem, sem cuja proibição a sociedade não poderia subsistir (ST I-II, q. 96, a. 2, r.).

Como e por que a lei humana deve se basear e nunca contradizer a lei natural? Só se pode falar verdadeiramente de lei se esta é justa, ou seja, "quanto tem de justiça tanto tem força de lei". Ora, nas coisas humanas se diz que algo é justo quando é reto segundo a regra da razão. E a primeira regra da razão é a lei da natureza. Portanto, toda lei humanamente imposta é tanto mais lei quanto mais deriva da lei da natureza. Se discordar da lei da natureza em algo, já não será lei, mas *"legis corruptio"* (ST I-II, q. 95, a. 2, r.)[40].

3. A AUTORIDADE COMPETENTE

O homem é um ser social. Dessa forma, a vida social está fundada na própria natureza humana e, para que ela possa se desenvolver corretamente, é necessário algum tipo de governo que ordene as coisas com vistas ao bem comum (ST I, q. 96, a. 4, r.).

---

[40] Essa percepção já estava presente no Direito Romano: O Digesto afirma que "aquilo que não foi introduzido pela razão, mas por um erro original e depois foi tido como costume, não se aplica a outros casos semelhantes" (DIGESTO 1.3.39); "(...) o que foi recebido contra a razão do direito não há de ser levado às suas consequências" (DIGESTO 1.3.14) e "Não podemos seguir a regra de direito naquelas coisas que foram estabelecidas contra a razão de direito" (DIGESTO 1.3.39.15).

Ordenar algo para o bem comum (o fim último das leis, como se verá mais abaixo, é o bem comum) pertence ou a todo o povo ou a quem lhe representa. Por isso, a constituição da lei é tarefa do próprio povo, ao chegar a um consenso, ou de quem o governa (ST I-II, q. 90, a. 3, r.)[41] e daí advém sua força cogente e obrigatória - que a ação de um simples particular não pode ter (ST I-II, q. 90, a. 3, *sol.* 2.) - e a necessidade de sua promulgação para o conhecimento geral (ST I-II, q. 90, a. 4, r.). Tem-se aí estabelecido o princípio da autoridade, o poder de regular a conduta dos membros da sociedade, dirigido à consecução do bem comum de todos, de tal modo que as diferentes opiniões sobre o conteúdo desse bem comum e quais os meios de alcançá-lo não venham a paralisar a ação cooperativa dos membros da sociedade (Martins Filho, 2006, 250).

Atente-se ao fato de que não há um único sistema possível de estabelecimento da autoridade política. Há diversos deles adaptados às circunstâncias de tempo e local em que serão aplicados. Cada autor, porém, acaba por fazer uma indicação de qual regime lhe parece mais apropriado para o alcance dos fins próprios da *Polis*. Platão apontara o ideal sofocrático em sua "República", acabando por indicar uma classificação hierarquizada no "Político". ARISTÓTELES (Pol., caps. IX e X) chega à conclusão acerca dos benefícios de um regime misto entre monarquia e aristocracia. A proposta do Aquinate não é muito diferente. Porém, repete-se, não importa muito qual o sistema político de escolha dos governantes (Robles; Chueca, 2002, XLVII). Há os mais aptos e os menos aptos conforme uma série de circunstâncias que devem ser consideradas (ST I-II, q. 97, a. 1, r.).

---

[41] Daí Tomás de Aquino reconhecer a força normativa do costume (*consuetudo*), mesmo *contra legem*, no que se coaduna com o Direito Romano (DIGESTO 1.3.33).

Porém, uma vez determinado como está distribuído e organizado o poder, deve haver o respeito a essa ordem. Por óbvio que não se abre ao governante a possibilidade do puro arbítrio, uma vez que ele deve atuar em nome da comunidade política e em seu benefício. Ou seja, as exigências do bem comum e da conformidade à lei natural salvaguardam em algum grau a *Polis* em relação a um governante mal-intencionado. Portanto, quando a lei promulgada não ultrapassa a autoridade de quem a promulga, pode-se afirmar que é uma lei justa quanto à forma. E, portanto, quando se legisla além do poder que lhe foi conferido, a lei produzida não obriga no foro da consciência (ST I-II, q. 96, a. 4, r.).

Em relação ao Direito há o sério risco da indefinição acerca da competência legislativa. A dificuldade em se identificar qual é a autoridade competente para editar as diversas normas gera incertezas que minam exatamente uma das características básicas da lei: uma certa permanência no tempo ou, preferindo-se uma terminologia mais moderna, fere um dos valores atinentes ao Ordenamento Jurídico, a segurança jurídica.

Neste ponto cabe uma última observação: Não há que se contrapor os valores "justiça" e "segurança jurídica", como costuma ocorrer no interior de uma visão normativista. Na realidade, o valor precipuamente ligado ao Direito é sem dúvida a virtude da justiça que, na sua formulação distributiva, implica em "tratar os iguais como iguais e os desiguais como desiguais na medida em que se desigualam". Ora, não ocorrendo um mínimo de segurança nas relações jurídicas, é grande a possibilidade de soluções discrepantes para problemas semelhantes, o que acaba por levar a situações injustas. Aí reside a comunicação entre segurança jurídica e justiça e que uma correta definição de autoridades e competências tende a minorar.

4. DIRIGIDA AO BEM COMUM

Para uma ética *eudemônica* (García-Huidobro, 1993, 68)[42], como a aristotélico-tomista, o fim último da vida humana é a felicidade[43]. Ora, o primeiro princípio do atuar do qual trata a razão prática é o fim último, a felicidade. Daí por que se faz necessário que a lei humana vise sobretudo a ordem que favoreça o alcance da felicidade (ST I-II, q. 90, a. 2, r.). Essa ordem, do ponto de vista social, é estruturada sobre as bases da ideia de bem comum. O bem comum é, portanto, o primeiro princípio da ordem política (Castaño, 2008, 91). Não por acaso, o Digesto (1.3.1) define a lei, dentre outras características, como *"communis rei publicae sponsio"*, "compromisso comum de toda a *res publica*".

Toda lei positiva, enquanto diretiva dos atos humanos em sociedade, deve ser dirigida ao alcance do bem comum. Esta expressão - em seu sentido mais completo ausente no pensamento clássico (Massini Correas, 2005, 76) - recebeu tratamento especialíssimo por parte da doutrina filosófico-política medieval. De fato, a noção estrita de "felicidade da *Polis*" aristotélica ou da "*res publica*" ciceroniana pouco tem que ver com a conceituação apropriada de bem comum, algo, aliás, de se reconhecer, difícil de ser traçado e ainda mais de ser posto em prática, como se tem historicamente observado.

É que o bem comum não consiste nem em fazer do Estado o seu único sujeito, concebendo-o como uma pessoa em si, que supera a

---

[42] Ética *eudemônica* significa literalmente "ética da felicidade". Alguns também a chamam de "ética da boa vida" ou ainda "ética das virtudes". A variação se dá conforme a ênfase seja nos fins (felicidade) ou nos meios (virtudes) para o alcance desses fins.

[43] O fim pode ser entendido tanto como o que se deseja conseguir, quanto o uso, obtenção ou posse daquela coisa. O bem que é o fim último é o bem perfeito que satisfaz o apetite racional do homem (vontade), que tem por objeto o bem universal. A coisa desejada como fim último é a felicidade (ST I-II, q. 2, a. 7, r.; q. 3, a. 1, r.).

todos os cidadãos, e nem tampouco em um conceito individualista que considera a comunidade do bem a sua simples divisão material e aritmética entre os membros da sociedade política (Graneris, 1973, 179-180). Mesmo que se visasse o bem da comunidade como um todo, se as distribuições de ônus e encargos se dessem de forma não equilibrada, estar-se-ia frente a uma lei injusta (ST I-II, q. 96, a. 4, r.).

A ideia de bem comum busca harmonizar os interesses da *Polis* com os dos cidadãos nela inseridos. É o *"bonum communiter conferens"* e o *"bonum in quo omnes participant"*, resolvendo-se em uma *"utilitatem civium"* (Graneris, 1973, 181), não podendo ser entendida como a simples soma dos bens particulares de cada sujeito do corpo social.

Trata-se, portanto, de um equilíbrio realmente difícil de ser alcançado. Um dos meios fundamentais para isso é a elaboração de boas leis que, ao atribuir os bens e encargos entre os cidadãos da comunidade política, o façam segundo critérios retos. Assim, aquele que governa não pode impor leis onerosas aos governados, não pertinentes à utilidade comum, e sim à própria cobiça e glória (ST I-II, q. 96, a. 4, r.).

Como o bem comum consta de variadas coisas, já que a comunidade política é formada de muitas pessoas, e o seu bem (da comunidade) é buscado através de múltiplas ações, faz-se necessário que a lei se refira a muitas coisas, segundo os agentes, as ações e os tempos com que se relaciona (ST I-II, q. 96, a. 1, r.). Daí a árdua tarefa dos governantes de harmonizar com justiça os diversos interesses sociais, interpretando o bem comum não simplesmente como correspondente aos interesses de uma maioria, mas como o bem efetivo de todos os membros da comunidade.

5. ADAPTAÇÃO ÀS CIRCUNSTÂNCIAS E NECESSIDADES DA SOCIEDADE

A formulação clássica não possui a ênfase normativista sobre a imutabilidade da lei - ainda que preconize que certa estabilidade legal seja benéfica (ST I-II, q. 97, a. 2, r.) -, pois entende a lei em uma função instrumental. Assim, percebe tanto que pode haver uma evolução no conhecimento das matérias reguláveis pela lei - o que exigiria uma mudança legislativa -, quanto que as alterações sociais e individuais podem pedir modificações no tratamento dispensado pelas normas (ST I-II, q. 97, a. 1. r.). Assim, a lei muda retamente na medida em que a sua mudança corresponde melhor às exigências da utilidade comum (ST I-II, q. 97, a. 2, r.).

Afirma Tomás de Aquino, mais uma vez comentando as "Etimologias" de Isidoro, que "o fim da lei humana é a utilidade dos homens" e que esta lei deve ser possível segundo o costume da pátria e conveniente ao lugar e ao tempo. Deve ainda necessariamente remover os males e, utilmente, procurar a consecução dos bens (ST I-II, q. 95, a. 3, r.).

Não se trata em absoluto de propor um utilitarismo filosófico para o tema, mas uma simples constatação de ordem antropológica. Mesmo por que se pode entender também essa adaptação como um critério de justiça: a lei humana será justa se for conforme a igualdade de proporção, ou seja, se as obrigações forem distribuídas de modo equânime entre os cidadãos (ST I-II, q. 96, a. 4, r.).

Tal adaptação é nada mais que a busca da adequação o mais aperfeiçoadamente possível da lei humana ao seu fim precípuo, qual seja, o bem comum. Tanto é assim que se se depara com uma nova situação, não prevista anteriormente pelo legislador quando da promulgação da lei, essa não obriga, podendo-se atuar em discordância com a sua literalidade (ST I-II, q.96, a. 6, r.; q. 97, a. 4, r.). Isso se aplica no caso da equidade nos julgamentos (ST II-II, q. 120, a. 1, r.), mas também na atuação quotidiana, até mesmo entre particulares em situações de emergência, já que "a necessidade não se sujeita à lei".

O homem age com vistas a certos fins, ou se se quiser utilizar uma expressão mais filosoficamente apropriada, a vontade humana, enquanto apetite racional, se inclina para um bem que a inteligência (que tem como objeto próprio a verdade) mostrou ser verdadeiro. Sendo assim, ao buscar a consecução de um fim, a vontade o faz através de meios, que não podem ser fins em si mesmos.

Ora, uma análise importante a ser feita é a da diferenciação entre necessidade e conveniência. A primeira se caracteriza por não poder deixar de ser de determinada forma. A outra implica um poder ser ou não. Porém, como as ações devem visar fins específicos e estes são mais plena e facilmente alcançáveis quando há conveniência, pode-se afirmar que, em certo sentido e desde que bem compreendido, a conveniência é uma "quase necessidade", no sentido latino original de "como se fosse necessário".

Nas ações com repercussão meramente individual ou sem transcendência social mais relevante, a percepção da conveniência como "quase necessidade" pode ser descartada em nome de algum outro interesse do agente ou por qualquer outro motivo razoável (pensa-se aqui, por exemplo, em um ato de caridade, de pura gratuidade).

Na esfera pública, porém, em especial no campo legiferante, essa possibilidade se dá de modo muito mais restrito. O legislador não deve deixar de adotar, frente a duas opções legislativas, aquela que se lhe apresente como mais conveniente, salvo por um motivo efetivamente relevante. Neste caso, porém, o que ocorre é que este motivo relevante transforma a outra opção na mais conveniente, ou ainda, vem expressar alguma inconveniência na adoção da primeira medida. A própria doutrina jurídica reconhece isso ao vincular a atuação de agentes estatais à "oportunidade e conveniência".

O papel de coadunar os meios idôneos aos fins pretendidos cabe precipuamente à virtude intelectiva da prudência, a mais elevada das quatro virtudes cardeais, segundo a formulação clássica. A prudência pela qual o homem dirige a si mesmo e aos outros é, ao lado da justiça, a verdadeira virtude do soberano (ST II-II, q. 50, a.1, sol.1.), motivo pelo qual vale a pena tratar daquela virtude, ainda que rapidamente.

O conhecimento prático-prudencial é um processo que envolve três etapas em duas fases que devem estar coordenadas: a deliberação, o juízo (fase cognitiva) e o mandato (fase preceptiva). É preciso deliberar previamente para julgar acerca dos meios mais idôneos para um determinado fim prático. A falta de uma dessas fases acarretará um desvio na prática da prudência e, portanto, no juízo (Massini, 2006,48-49).

Nessas fases se desenvolvem as partes integrantes da virtude da prudência que o Aquinate estabelece em oito. Na fase cognitiva, há a memória, que considera o próprio conhecimento em relação ao passado; o intelecto, que faz o mesmo, mas em relação ao presente; a docilidade, que permite a aquisição do conhecimento pelo ensinamento; a sagacidade, rápida avaliação dos meios e a razão, que faz o uso apropriado do conhecimento adquirido. A prudência preceptiva contém a previdência, que é a razão que ordena algo conveniente; a circunspecção, a razão enquanto leva em conta as circunstâncias da situação e a precaução, a razão que evita os obstáculos (ST II-II, q. 48, r.)[44].

---

[44] Há ainda as partes potenciais da prudência (virtudes conexas ordenadas a atos ou matérias secundárias, não possuindo toda a potência da virtude principal): A *eubulia* (capacidade de deliberar bem), a *synesis* (juízo relativo às circunstâncias ordinárias) e a *gnome* (juízo sobre as causas em que é necessário se afastar da lei comum, no que se liga à noção de equidade). Se a primeira diz respeito à reta deliberação, as outras duas são virtudes do reto juízo (RHONHEIMER, 2000, 243).

É por isso que a lei positiva pode ser definida pelo Digesto (1,3,1) como "o ditame dos homens prudentes", ou seja, emanada daqueles que, possuindo a virtude da prudência podem efetivamente, considerando as circunstâncias à luz do bem comum, produzir verdadeiras leis.

CONCLUSÃO

Resumindo rapidamente o que foi tratado até aqui, tem-se que a norma, se se deseja enquadrá-la na categoria de lei, deve corresponder aos quatro critérios apontados acima, segundo a doutrina do Realismo Jurídico clássico, de bases tomistas: ser conforme a lei natural, emanada de uma autoridade política competente, dirigida ao bem comum e adaptada às circunstâncias de tempo e de lugar. Uma regra de conduta que preencha concomitantemente os quatro requisitos está apta a ser chamada lei e, portanto, obrigar em consciência os que estão sob a sua égide.

Podem-se apontar algumas dificuldades de compreensão e aplicação em relação aos quatro critérios elencados. Quanto à conformidade em relação à lei natural, a dificuldade está em aceitar, por parte da doutrina jurídica atual, a unicidade do sistema jurídico. Em outras palavras, reconhece-se que a própria doutrina do Realismo Jurídico clássico é quase uma novidade para docentes, discentes, magistrados, advogados e os demais que trabalham de alguma forma com o Direito. Esta é a razão pela qual boa parte destas páginas foi dedicada a explicitar como a citada teoria vê o problema da lei.

Em relação à necessidade de ser emanada de autoridade competente, o problema apontado reside na possível má definição das competências legislativas.

Os requisitos da destinação ao bem comum e da adaptação às necessidades sociais são, enquanto finalísticos ambos, os mais intimamente ligados. É por se dirigir à utilidade comum que a lei deve poder ser modificada quando é mudado o cenário social em que está inserida. Neste ponto foi ressaltada a dificuldade de se harmonizar os interesses dos múltiplos agentes sociais, identificando como chave para a sua resolução uma boa compreensão da adaptação necessária entre necessidade e conveniência.

O PRINCÍPIO DO DUPLO EFEITO E A O ESTADO DE PERIGO: ANÁLISE DE UM JULGADO DO STJ

INTRODUÇÃO

Este texto trata da configuração jurídica do Estado de perigo, tal como previsto no artigo 156 e parágrafo único do Código Civil brasileiro (Lei nº 10.406/02), perquirindo acerca de sua natureza como causa de anulabilidade dos negócios jurídicos. Para tanto, além da doutrina civilista, utiliza-se de um tópico próprio da Filosofia Moral[45] - o assim chamado Princípio do duplo efeito - eventualmente acolhido pelo Direito. Como elemento prático de análise, faz-se uso de decisão do Superior Tribunal de Justiça (STJ)[46] que versa sobre o Estado de perigo.

O problema a ser discutido é o da possibilidade de se enquadrar a conduta da outra parte que não aquela em perigo como sendo indiretamente voluntária, o que afastaria a má-fé e a consequente reprovação do Direito sobre esse ato, ao menos do ponto de vista daquele agente. Assim, concretamente, pretende-se saber se a

---

[45] Os termos "Ética" e "Moral" têm a mesma origem etimológica: "costume" em grego e em latim respectivamente. Com o passar do tempo, foram se definindo como ciência filosófica e ética de origem religiosa respectivamente. Atualmente, voltam a ser entendidos como sinônimos, embora alguns autores reservem o termo "Ética" para a teoria e "Moral" para a prática (FERNÁNDEZ, 2004, 38-39). No presente trabalho serão considerados como sinônimos.

[46] Recurso Especial n. 918.392-RN/2007.0011.488-6. Terceira Turma. STJ. Relatora Ministra Nancy Andrighi. Data de julgamento: 11/03/2008. Disponível em https://ww2.stj.jus.br/revistaeletronica/ita.asp?registro=200700114886&dt_publicac ao=01/04/2008.

decisão proferida pelo STJ poderia ter reconhecido eventualmente a incidência do Princípio do duplo efeito sobre a conduta da parte que não em perigo.

Este trabalho, portanto, parte de um ponto de vista diferente daquele que normalmente se observa no tratamento da matéria, uma vez que pressupõe uma conexão entre o campo da Ética e o da Dogmática Jurídica, em especial a civilista. Parte-se, além disso, do pressuposto de que ainda é cabível não abandonar a ligação entre a Teoria da Ação e a Teoria da Culpa, mesmo em se observando uma sucessiva redução da conexão entre a ação, o dano e o elemento volitivo.

Neste sentido, cabe uma citação - ainda que longa - do Professor Caio Mário, que trata da objetivação da responsabilidade, da manutenção da noção de culpa e, ainda, de fundamentos éticos para soluções jurídicas (PEREIRA, 2008, 662-664)[47]. Assim,

> *a jurisprudência, em todos os países, tem alargado a ideia de culpa e estendido o princípio da responsabilidade civil onde não se pode encontrá-la em sentido estrito. Criou a noção de culpa presumida, dando maior consideração à vítima do que ao autor do dano. Chegou a admitir a existência de culpa em situações nas quais falta o pressuposto da conduta antijurídica. (...) definem a regra da existência de responsabilidade sempre que alguém causa dano a outrem, em razão do dever geral de não prejudicar. (...). Foi sob a inspiração de ideias que têm seguido esta linha de orientação que nasceu a chamada teoria da responsabilidade objetiva. Em verdade, a culpa, como fundamento da responsabilidade civil, é insuficiente, pois deixa sem reparação danos sofridos por pessoas que não conseguem provar a falta do agente. O que importa é a causalidade entre o mal*

---

[47] No mesmo sentido, também AMARAL (2008, 588-589).

> *sofrido e o fato causador, por influxo do princípio segundo o qual toda pessoa que cause a outra um dano está sujeita a sua reparação, sem necessidade de se cogitar do problema da imputabilidade do evento à culpa do agente. O fundamento ético da doutrina está na caracterização da injustiça intrínseca, que encontra os seus extremos definidores em face da diminuição de um patrimônio pelo fato do titular de outro patrimônio. (...). No campo objetivista situa-se a teoria do risco proclamando ser de melhor justiça que todo aquele que disponha de um conforto oferecido pelo progresso ou que realize um empreendimento portador de utilidade ou prazer deve suportar os riscos a que exponha os outros. Cada um deve sofrer o risco de seus atos, sem cogitação da ideia de culpa e, portanto, o fundamento da responsabilidade civil objetiva desloca-se da noção de culpa para a ideia de risco. (...). A teoria não substitui a culpa, porém deve viver ao seu lado. (...) É preciso, sem dúvida, fixar a causa da responsabilidade, que deve residir em um fundamento ético de apuração direta ou indireta. (...). A teoria da culpa, no Código Civil, continua a ser fundamental na definição da responsabilidade civil, com os alargamentos que a jurisprudência lhe tem trazido.*

O texto se desenvolverá partindo-se de uma breve análise da decisão proferida pelo STJ, seguindo-se um tópico tratando do Princípio do duplo efeito e outro do estado de perigo. Na conclusão, utilizando-se dos elementos do referido acórdão, será respondida a questão acerca de um possível enquadramento da conduta da parte que não em perigo sob o Princípio do duplo efeito e quais seriam os eventuais efeitos disto.

1. A DECISÃO DO STJ: RESUMO E ANÁLISE

No Recurso Especial n. 918.392-RN/2007.0011.488-6, julgado pela Terceira Turma do STJ e relatado pela Ministra Nancy Andrighi, apreciou-se demanda que tratava da validade da assinatura do Termo de Compromisso para adaptação de contrato de assistência médico-hospitalar. O autor do recurso se submeteu à referida adaptação a fim de realizar o procedimento de angioplastia para implantação de *stent* e filtro distral. A disputa centrava-se sobre as consequências jurídicas daquilo que se passou durante o ato cirúrgico.

O contrato de plano de saúde foi firmado no ano de 1993, ou seja, antes da Lei 9.656/98, que veio regulamentar o exercício das operações de planos de saúde. Esta lei, como se sabe, concedeu aos segurados a opção de migrarem para um plano novo, com novas mensalidades e maior cobertura, tendo o apelante optado por continuar com seu plano antigo.

Em 11 de setembro de 2003, o autor submeteu-se a uma angioplastia, quando lhe foi comunicado que era urgente a implantação de *stent* e filtro de proteção distral e que tais dispositivos não estavam cobertos pelo plano de saúde contratado. Celebraram, então, um termo aditivo ao contrato de plano de saúde. O autor alegou que o termo aditivo foi assinado em evidente estado de perigo, tal como preconizado pelo artigo 156 do Código Civil. Pleiteou, ainda, o ressarcimento por danos morais sofridos, com base nos artigos 186 e 927 do Código Civil. O Tribunal de Justiça do Rio Grande do Norte não reconheceu o alegado estado de perigo, decisão contra a qual se insurgia o autor do recurso.

O voto da relatora, Ministra Nancy Andrighi, seguido pelos demais ministros, foi no sentido de se reconhecer o estado de perigo, anulando o contrato e determinando a indenização por danos morais.

Seguindo a dinâmica da decisão mais de perto, tem-se o seguinte: Tratando da figura do estado de perigo, afirma a Relatora que para reconhecê-lo são necessários três requisitos: a "necessidade de salvar-se, ou a pessoa de sua família"; o dolo de aproveitamento da outra parte ("grave dano conhecido pela outra parte") e assunção de "obrigação excessivamente onerosa". Os dois primeiros pressupostos seriam facilmente encontrados no caso em tela. O paciente encontrava-se com sua saúde e vida em risco e o plano de saúde evidentemente conhecia tal circunstância. Restava saber se a dívida assumida era excessivamente onerosa ou não. Aqui, a parte mais complexa, a qual merece ser citada *in verbis*:

> *O primeiro cuidado diz respeito à natureza do contrato sob análise. O contrato de plano de saúde, bem como os demais contratos de seguro, insere-se na categoria dos contratos aleatórios, pois é possível, ao menos no plano teórico, que um consumidor específico jamais venha a se utilizar dos serviços de saúde colocados à sua disposição, sem que isso, por si só, configure qualquer inadimplemento ou enriquecimento sem causa. Torna-se, dessa forma, complexo reconhecer qualquer equivalência ou proporção entre as prestações mensais pagas em pecúnia pelo consumidor e a contraprestação oferecida pelo operador do plano de saúde. Complexidade não significa, entretanto, impossibilidade. Parafraseando a lição de Antônio Junqueira de Azevedo, que defende a aplicação de instituto similar, a lesão, para contratos aleatórios, poderíamos dizer, mutatis mutandis, que o risco assumido no contrato aleatório diz respeito à execução da prestação e, por isso, é posterior ao contrato, mas o estado de perigo se configura no momento da contratação. Ademais, "basta refletir para o contrato de seguro e imaginar que todas as seguradoras cobrem '10X', ou valor próximo, para garantir determinados riscos, e uma delas, aproveitando da inexperiência de um segurado, venha a cobrar '100X', para a mesma*

finalidade (...)" (Negócio jurídico e declaração negocial. Saraiva: São Paulo, 1986, p. 204). De forma similar, parte considerável da doutrina considera o estado de perigo aplicável até mesmo aos contratos unilaterais. Humberto Theodoro Junior afirma, por exemplo, que "do ponto de vista objetivo, o contrato para ter-se como anulável deverá representar, para a vítima, a assunção de 'obrigação excessivamente onerosa'. Aqui já não se pode limitar, tal como na lesão, ao desequilíbrio de prestações do contrato bilateral (comutativo), pois o estado de necessidade pode conduzir também a negócios unilaterais viciados em que a prestação assumida seja unicamente da vítima (remissão de dívida, promessa de recompensa, doação, cessão gratuita, renúncia de direitos, etc., e até testamento)" (Comentários ao Novo Código Civil. Coord. Sálvio de Figueiredo Teixeira. Rio de Janeiro: Forense, 2006, pp. 210-211).

A Relatora, portanto, reconheceu a possibilidade de incidência do estado de necessidade em contratos aleatórios, como os de seguro, mas precisava se certificar se, no caso concreto, houvera onerosidade excessiva. Segundo ela, "o negócio jurídico celebrado com paciente enfermo não é, por si, só anulável. Para que se configure a anulabilidade por estado de perigo, devem estar reunidos certos requisitos subjetivos (necessidade de salvar-se e dolo de aproveitamento) e objetivos (onerosidade excessiva)".

Faltava, portanto, constatar a presença do requisito objetivo, a assunção de obrigação excessivamente onerosa. Esta poderia se dar se tivesse ocorrido a cobrança de um valor superior ao preço de mercado de planos equivalentes ao ofertado, se o valor fosse demasiado levando-se em conta as possibilidades econômicas do recorrente ou se o contrato anterior já assegurasse o paciente contra o risco da cirurgia pela qual passou, tendo ele sido levado a contratar nova apólice desnecessariamente.

Segundo a Relatora,

> *embora nenhuma onerosidade excessiva tenha sido reconhecida pelo Tribunal de origem, pode-se constatar, pela simples análise estrutura jurídica do negócio, os prejuízos impostos aos recorrentes. Mesmo antes do advento da Lei 9.656/98, a jurisprudência consolidada nesta Corte vem indicando, com base na boa-fé objetiva, que não é legítimo impor ao segurado a realização de determinado procedimento cirúrgico que lhe assegure apenas meia saúde, de forma que ele continue ainda parcialmente convalescente. Limita-se o exercício do inadmissível de posições jurídicas e que, se levadas à cabo, frustrariam a própria finalidade do contrato. Por isso, o STJ decidiu reiteradas vezes que "o plano de saúde pode estabelecer quais doenças estão sendo cobertas, mas não que tipo de tratamento está alcançado para a respectiva cura (...). A abusividade da cláusula reside exatamente nesse preciso aspecto, qual seja, não pode o paciente, em razão de cláusula limitativa, ser impedido de receber tratamento com o método mais moderno disponível no momento em que instalada a doença coberta" (REsp 668.216/SP, Terceira Turma, Rel. Min. Menezes Direito, DJ 02.04.2007). (...). Já se asseverou, ademais, que "é abusiva a cláusula contratual que exclui de cobertura a colocação de stent, quando este é necessário ao bom êxito do procedimento cirúrgico coberto pelo plano de saúde" (REsp 896.247/RJ, Terceira Turma, Rel. Min. Humberto Gomes de Barros, DJ 18.12.2006).*

Assim, conclui o voto afirmando que

> *estando claro que a recusa da recorrida em conferir cobertura securitária aos recorrentes, para indenizar-lhes o valor de próteses necessárias ao restabelecimento de sua saúde, é prática considerada abusiva mesmo para contratos celebrados anteriormente à Lei 9.656/98, a única conclusão possível é a de que os autores não precisariam ter assinado aditivo contratual para auferir os benefícios que obtiveram. Configura-se, assim, a onerosidade excessiva, pois, embora seu contrato anterior os assegurasse contra o risco da cirurgia, os autores foram levados a contratar nova apólice desnecessariamente.*

2. O Princípio do duplo efeito

2.1. Aproximações ao tema

A moralidade é uma qualidade exclusiva do agir humano, pois somente o ser humano tem o poder de atingir ou não seu fim último - ao qual está inclinado por seu desejo natural de felicidade[48] - através de seus atos. Sendo assim, pode-se afirmar, "os atos humanos são atos morais, porque exprimem e decidem a bondade ou malícia do homem que realiza aqueles atos" (JOÃO PAULO II, 2009, 113).

O ato humano se caracteriza fundamentalmente por ser livre, ou seja, praticado com liberdade, a capacidade de a vontade dirigir-se por si mesma ao bem que a razão lhe apresenta. A vida moral do homem possui um essencial caráter teleológico, todavia, a ordenação ao fim último não é uma dimensão subjetivista, que dependa apenas da intenção, mas pressupõe que os atos sejam em si ordenáveis a tal

---

[48] ARISTÓTELES (Ética a Nicômaco, I, 1095a). Daí por que esse modelo de Filosofia Moral pode ser chamado eudemônico (de *eudaimonia*, "felicidade"). Se for considerado pela perspectiva dos meios a serem praticados habitualmente para alcançar a felicidade, a referência será à "Ética das virtudes".

fim. A bondade ou malícia do ato moral, portanto, não pode ser julgada apenas porque destinada a alcançar este ou aquele objetivo ou simplesmente porque a intenção do agente era boa. Se o objeto da ação concreta não estiver em consonância com o verdadeiro bem da pessoa, a escolha da ação torna a vontade e o agente moralmente maus (JOÃO PAULO II, 2009, 115-116).

Como aludido mais acima, a liberdade supõe o conhecimento intelectual do bem, permitindo-lhe o domínio sobre os atos. Assim, pode-se afirmar que o ato humano procede da inteligência, que indica o bem, e da vontade (apetite intelectivo), que se inclina para ele (LUÑO, 1991, 109-112). Logo, a moralidade dos atos é definida pela relação da liberdade da pessoa com o seu autêntico bem (JOÃO PAULO II, 2009, 113).

Porém, mais especificamente, a qualificação moral do livre agir humano depende e é assegurada por quais elementos? Aqui se insere o problema das chamadas fontes da moralidade. O elemento primário e decisivo para o juízo moral é o objeto do ato humano, o qual decide sobre a ordenabilidade ou não ao bem e ao fim último. Esta ordenabilidade é identificada pela razão no ser do próprio homem, considerado em sua verdade integral, em suas inclinações naturais, dinamismos e finalidades, ou seja, no conteúdo da lei natural (JOÃO PAULO II, 2009, 117; 126). Disto se seguem duas conclusões: há atos que são intrinsecamente maus e as circunstâncias e intenções jamais poderão transformar este ato intrinsecamente mau em um ato subjetivamente bom ou possivelmente opcional (JOÃO PAULO II, 2009, 129). Além disso, a intenção será boa somente quando visa o verdadeiro bem da pessoa na perspectiva de seu fim último. Sem esta visão resta impossível afirmar uma ordem moral objetiva e estabelecer qualquer determinação normativa (JOÃO PAULO II, 2009, 129).

Para que a ação humana seja moralmente imputável é necessário que seja realizada com consciência, vontade e liberdade, pelo que o seu sujeito pode ser considerado verdadeiro autor daqueles atos[49]. A imputabilidade de uma ação deve sempre se referir ao sujeito que a realiza todas as vezes que for querida por si mesma (voluntária em si). Ao contrário, quando se trata de um efeito bom, a imputabilidade dos efeitos que resultam de uma ação não desejada em si, mas somente em causa (voluntária em causa), nunca se refere ao sujeito que a realiza (GRECO, 1959, 40-41; FERNÁNDEZ, 1999, 485)[50].

2.2. Desenvolvimento e conceituação do Princípio do duplo efeito

O Princípio do duplo efeito é tópico próprio da Filosofia Moral e resulta da discussão doutrinária sobre a temática da legítima defesa segundo proposto por Tomás de Aquino, tendo sido desenvolvida por autores sobretudo de finais do século XVI e inícios do XVII. O primeiro a explicitamente formular tal teoria, ao que tudo indica, foi João de Santo Tomás, comentador português do Aquinate (ABBÀ, 1996, 186; FERNÁNDEZ, 1999, 492).

---

[49] No campo da responsabilidade jurídica, porém, como se aludiu acima, observa-se um movimento de valorização de aspectos puramente objetivos para se configurar a imputabilidade, prescindindo do elemento volitivo. Basta pensar, mais uma vez, na Responsabilidade Civil Objetiva, independente de culpa, estabelecida pelo parágrafo único do artigo 927 do Código Civil, no artigo 14, *caput,* do Código de Defesa do Consumidor e na Constituição da República, em seu artigo 21, inciso XXIII, alínea "d".

[50] Não deve causar estranheza a citação de uma obra de Teologia Moral ao se tratar de Filosofia Moral. Em primeiro lugar, ainda que sejam conhecimentos diferentes, não pode haver nenhuma contradição entre eles, se ambos forem produzidos corretamente. Além disso, no campo moral, tanto a Filosofia quanto a Teologia estudam o mesmo objeto material – os atos humanos – ainda que sob perspectivas diferenciadas. A Filosofia se fundamenta apenas na razão natural. A Teologia trabalha com dados revelados, mas é verdadeira ciência, que se utiliza da razão para conhecer melhor esses dados e deles extrair o máximo possível de conclusões (GRECO, 1959, 23-24; FERNÁNDEZ, 2004, 28-30).

Na obra tomasiana[51] só se encontrariam propriamente os elementos, mas não a formulação completa do princípio (ABBÀ, 1996, 186). Trata-se de uma criação intelectual da moral casuística que, como se sabe, pretendia estabelecer regras para a resolução de problemas frequentes da vida moral e que foi tema de grandes discussões na Modernidade e também mais recentemente. Basicamente, a disputa se dava sobre um acento na intenção com que se produzia o ato ou no elemento objetivo do bem que se alcançava ou do mal que se seguia (FERNÁNDEZ, 1999, 491; 492)[52].

No artigo 7º da questão 64 da Segunda Parte da Segunda Seção da Suma Teológica, Tomás de Aquino se pergunta acerca da licitude de matar a outrem para se defender, concluindo que nada impede que um mesmo ato tenha dois efeitos, dos quais apenas um esteja na intenção do agente, estando o outro fora dela, sendo meramente acidental.

Ora, do ato de quem se defende podem resultar dois efeitos: um, a conservação da própria vida, e, outro, a morte do agressor. O ato de visar a conservação da própria vida é bom e lícito, pois é natural buscar a conservação da própria vida, desde que de modo proporcional ao fim (daí a necessidade de se empregar a violência na medida certa). A morte do agressor - ao contrário - não foi diretamente desejada pelo agente e tampouco meio para obter o fim bom, mas apenas uma sua consequência (ST II-II, q. 64, a. 7, r).

---

[51] Alguns autores defendem uma diferenciação entre os termos "tomista", referindo-se a obras de comentadores e seguidores em geral de Tomás de Aquino, e "tomasiano", quando se trata de obras do próprio Aquinate.

[52] Deve haver precaução em relação a alguns exageros de uma moral casuística, porém, de qualquer forma, a origem doutrinária do instituto não afasta os seus benefícios quando o sujeito se vê frente a situações que requerem um critério de atuação. Isso é particularmente importante em campos como o Direito e a Medicina (FERNÁNDEZ, 2004, 126-127).

Sendo assim, o também chamado ato voluntário indireto se dá quando, ao praticar uma ação, além do efeito diretamente procurado, se segue outro, adicional, não pretendido, mas que apenas se tolera por vir unido ao primeiro. Portanto, é um ato do qual se seguem um efeito bom e outro mau, daí a expressão "duplo efeito". Deve-se ressaltar de que não se trata de um ato com fim duplo, ou seja, não um duplo fim e sim um duplo efeito (SADA; MONROY, 1992, 27).

Há, portanto, ocasiões, em que, sob certas condições, será lícito praticar atos dos quais se seguirá um efeito mau (voluntário indireto) de um efeito bom (voluntário direto, diretamente desejado). As condições para a licitude desse ato – a serem esclarecidas abaixo - são: (1) Que a ação da qual se segue o efeito ruim seja boa em si mesma ou pelo menos indiferente; (2) que o efeito imediato, o primeiro que se produz, seja o bom efeito, e o mau não seja mais do que consequência necessária; (3) que a pessoa tenha como propósito o fim bom, ou seja, o bom efeito, e não o mau, somente tolerado; e (4) que exista um motivo proporcionadamente grave para se admitir o efeito mau (SADA; MONROY, 1992, 27; FERNÁNDEZ, 1999, 485; PRÜMMER, 1953, 45-46). Passando-se a seguir a explicitar o conteúdo dessas condições, segundo a perspectiva adotada, tem-se o seguinte.

(1) Que a ação da qual se segue o efeito ruim seja boa em si mesma ou pelo menos indiferente (PRÜMMER, 1953, 46): Portanto, não será jamais lícito praticar ações más, ainda que atingissem efeitos ótimos, uma vez que os fins não justificam os meios, não sendo permitido fazer o mal (como perjurar, por exemplo) mesmo que para dele obter um bem.

Para qualificar um ato como bom ou mau é necessário considerar o seu objeto, fim e circunstâncias. São estes os elementos essenciais dos quais o ato humano tira a sua bondade ou maldade. O objeto dá ao ato a sua moralidade primária e específica, não devendo, no entanto, ser tomado no seu conteúdo material, mas na sua relação moral. As circunstâncias podem exercer influência sobre a moralidade do ato, ou tornando em matéria leve aquilo que em virtude do objeto é grave ou ajuntando uma malícia diversa ou nova ao objeto, ou ainda agravando ou diminuindo a sua malícia. Os principais tipos de circunstâncias morais que afetam os atos humanos são: quem atua; qualidade e quantidade do objeto produzido; lugar da ação; meios empregados; modo moral em que se realiza a ação; quantidade e qualidade do tempo e motivo pelo que se realiza o ato. O fim é o que o agente quer obter por meio da ação realizada. O fim do agente se denomina *finis operantis*, para distingui-lo do objeto moral ou *finis operis*, e é o objeto imediato do ato da vontade chamado intenção. Se do objeto moral depende que o ato seja ordenável ou não ao fim último, da intenção depende que o ato se ordene efetivamente ou não ao referido fim (GRECO, 1959, 56-57; RODRÍGUEZ LUÑO, 1991, 118-119).

Para saber, portanto, se uma ação é boa ou indiferente deve-se olhar primeiramente para o *finis operis*, o fim ao qual o ato tende por sua própria natureza, dele inseparável; é o efeito necessário do ato. É diferente do *finis operantis*, que é o fim a que o sujeito se propõe, subjetivo e separável do ato mesmo. Por exemplo, o *finis operis* do estudo é aprender, mas o *finis operantis* pode ser a ambição, a vaidade ou o lucro.

(2) Que o efeito imediato, o primeiro que se produz, seja o bom efeito, e o mau não seja mais do que consequência necessária (PRÜMMER, 1953, 46): Isto se deduz do princípio anterior. É necessário que o bom efeito derive diretamente da ação e não do efeito mau. De outro modo, o efeito mau seria desejado como meio e se faria um mal para se obter um bem (GRECO, 1959, 42). Trata-se, na verdade, de um efeito que fica de fora da decisão da vontade e,

consequentemente, não pertence ao âmbito moral. O que diretamente se exclui é que o efeito bom seja a causa do efeito mau.

(3) Que a pessoa tenha como propósito o fim bom, ou seja, o bom efeito, e não o mau, somente tolerado (PRÜMMER, 1953, 46): Se o fim visado fosse o mau, a ação seria imoral, uma vez que a intenção era má. O fim mau é apenas tolerado, dada a impossibilidade de separá-lo do bom. Tampouco é lícito visar ambos os efeitos, mas apenas o bom. O efeito secundário é não intencional, ou seja, é consequência de uma ação cujo conteúdo intencional-objetivo é bom e cuja realização, em determinadas circunstâncias, está ordenada pela razão (RHONHEIMER, 2000, 391)[53].

(4) Que haja um motivo proporcionadamente grave para se admitir o efeito mau (PRÜMMER, 1953, 46): Isto porque o efeito mau, ainda que apenas tolerado, por inseparável do efeito bom – este sim pretendido – é materialmente mau (PRÜMMER, 1953, 47), moralmente desonesto, só sendo permitido tolerá-lo se para isso houver causa proporcionada. Para a ponderação devem ser consideradas a gravidade do efeito mau, a urgência de se produzir a ação que produz os dois efeitos; a obrigação de se obter o efeito bom e, por último, a relação mais ou menos direta, de causa e efeito, que existe entre o autor e a consequência má que se segue.

---

[53] Obviamente que para o juízo da conduta de outrem se recai na dificuldade de se julgar intenções. Humanamente falando, apenas o próprio agente terá condições de julgar com maior certeza do propósito com que atuou ou está para atuar. Os demais deverão se contentar com a avaliação de elementos que se exteriorizaram para poderem concluir algo. Isso, porém, não deve causar receios. Na Direito Penal, por exemplo, a linha tênue que diferencia o dolo eventual da culpa consciente nos delitos de trânsito – em ambos os casos o agente se portou de modo a assumir o risco de produzir o resultado, mas no primeiro caso, houve consentimento no resultado, o que não se dá no segundo - do que se seguirão importantes efeitos na eventual aplicação de pena - se mostra por elementos psicológicos de difícil aferição (DELMANTO, 2002, 33).

Assim é que, concluindo-se, é possível afirmar que, no caso de um ato voluntário indireto, não realizar a ação poderia hipoteticamente ser uma omissão ilícita e, por conseguinte, constituir uma injustiça, pelo que se estaria obrigado a realizá-la, também no caso de que não se chegasse a produzir a consequência má (ou se não se tivesse previsto sua produção). Basta pensar, por exemplo, naqueles que são obrigados a proteger a vida de outrem, mesmo colocando-se em alguma situação de risco, como os agentes de segurança pública em relação aos cidadãos inocentes. Deixar de protegê-los, sendo isso possível, seria uma injustiça.

Por outro lado, o efeito bom da ação é de uma importância proporcionada àquela do efeito secundário. Se, no caso em que se produzisse a consequência má, a ação não fosse obrigatória ou, ainda, se resultasse desproporcionada em todos os casos, produzir a consequência má constituiria na realidade o objeto da ação, a qual não seria outra coisa senão um meio para um fim (RHONHEIMER, 2000, 391).

2.3. Para o entendimento correto do tema

É de suma importância ressaltar que as quatro condições tratadas acima devem ocorrer conjuntamente para que o Princípio do duplo efeito possa ser aplicável. Restringir-se apenas ao aspecto da proporcionalidade - tentação tipicamente contemporânea e muito utilizada no campo jurídico - é cair no teleologismo, consequencialismo ou proporcionalismo[54], o que deve ser evitado como se demonstrará abaixo.

---

[54] A nomenclatura variará conforme se trate de autores europeus – teleologismo - ou norte-americanos – proporcionalismo (ABBÀ, 1996, 176). Também é possível entender o consequencialismo e proporcionalismo como espécies do gênero teleologismo. O primeiro pretende deduzir os critérios da retidão de um determinado agir somente a partir do cálculo das consequências que se preveem

Assim o faz, por exemplo, Peter Knauer que, interpretando o Princípio do duplo efeito apenas do ponto de vista da proporção, substitui a condição de busca do fim bom por um fim apenas proporcional. Trata-se de uma interpretação bastante heterodoxa em relação à percepção clássica sobre Princípio do duplo efeito, pois, ao mesmo tempo em que o maximiza como eixo das discussões sobre bem e mal, restringe a sua análise à quarta condição apontada mais acima, hipertrofiando-a (FERNÁNDEZ, 1999, 490-491, 533-547; Rhonheimer, 2000, 398-419; BELMANS, 1980, 382)[55]. Valerá deter-se aqui por um momento e considerar este ponto com maior atenção.

A doutrina de Knauer, fundamentada em ou seguida por outros autores, como Bruno Schüller, Richard A. McCormick, Josef Fuchs[56], foi basicamente apresentada no artigo intitulado *"La détermination du bien e du mal moral par le principe du double effet"* (KNAUER, 1965, 356-376).

Segundo BELMANS (1982, 162-170; 165), a obra de Knauer reformula um bom número de categorias fundamentais da Filosofia Moral, notadamente a de *voluntarium indirectum*. Assim, dentre outras, seria arbitrariamente inovadora a tese que afirma que não há mal moral senão quando se causa um mal físico "sem razão proporcionada", o que implica que para ele a noção de mal físico precederia aquela de mal moral, não constituindo este a noção primeira, como originalmente em Tomás de Aquino. Nesse trabalho, por exemplo, Knauer afirma que *"On peut admettre un mal ontologique dans la mesure où el est justifié par une raison*

---

derivar da execução de uma opção. O segundo pondera entre si valores e bens procurados, centrando-se mais na proporção reconhecida entre os efeitos bons e maus, em vista de um bem maior ou um mal menor, efetivamente possível numa situação particular (JOÃO PAULO II, 2009, 119).

[55] Segundo ABBÁ (1996, 176-203), a origem filosófica de uma Ética Teleológica estaria não numa leitura utilitarista de matriz anglo-saxã, mas antes numa interpretação suareziana da ética tomista.

[56] Para uma síntese dos vários autores, cfr. BELMANS (1980, 327-411).

proportionné; dans ce cas, il n'est qu'indirectement volontaire" (KNAUER, 1965, 376).

Com efeito, as teorias ditas teleológicas, ao se mostrarem atentas à conformidade dos atos humanos com os fins procurados pelo agente e com os valores que aquele tem em vista, avaliam a retidão moral de uma ação com base em critérios deduzidos da ponderação dos bens não-morais ou pré-morais a alcançar e dos correspondentes valores não-morais ou pré-morais a respeitar.

Sendo assim, há quem considere que o comportamento concreto seria justo se pudesse produzir um melhor estado de coisas para todas as pessoas interessadas, maximizando os bens e minimizando os males, num óbvio reflexo pragmático ou utilitarista. Entretanto, esta busca por uma moral autônoma acaba por esbarrar em uma falsa compreensão do objeto do agir moral. A vontade acaba comprometida com as escolhas concretas que realiza, pois estas são condição da sua bondade moral, bem como de sua ordenação ao fim último da pessoa. Outro empecilho para a coerência teórico-prática desse modelo ético é um conceito de liberdade que prescinde das condições efetivas do seu exercício e de sua referência objetiva à verdade sobre o bem, da sua determinação através de escolhas de comportamentos concretos, como apontado acima (JOÃO PAULO II, 2009, 117-119).

As teoria éticas teleológicas apesar de reconhecerem que os valores morais podem ser indicados pela razão e normalmente procurarem libertar-se das ponderações de uma moral de obrigação, voluntarista e arbitrária, consideram impossível que se formule uma proibição absoluta de determinados comportamentos que estariam em contradição com aqueles valores, em toda e qualquer cultura. Desta forma, o sujeito agente seria certamente responsável pela obtenção dos valores pretendidos, mas sob um duplo aspecto: os valores ou bens implicados num ato humano seriam, por um lado, de ordem moral (ou seja, a benevolência para com o próximo, a justiça, etc.) e, de outro, de ordem pré-moral, não-moral, física ou ôntica, ou seja, referente às vantagens e desvantagens ocasionadas seja a quem atua, seja a qualquer pessoa nela implicada antes ou depois como, por exemplo, a saúde, sua lesão, a integridade física, a vida, a morte, a perda de bens materiais, etc. (JOÃO PAULO II, 2009, 119-120).

Em um mundo onde o bem sempre estaria misturado com o mal e um efeito bom ligado a efeitos maus, a moralidade do ato deveria ser julgada diferentemente. A sua bondade moral, com base na intenção do sujeito referida aos bens morais, e a sua retidão, com base na consideração dos efeitos ou consequências previsíveis e da sua proporção. Por conseguinte, os comportamentos seriam qualificados como retos ou errados, sem que por isso fosse possível avaliar como moralmente boa ou má a vontade da pessoa que os escolhe (JOÃO PAULO II, 2009, 120).

Assim, um ato que se pusesse em contradição com uma norma universal negativa, violando diretamente bens considerados como pré-morais, poderia ser qualificado como moralmente aceitável se a intenção do sujeito se concentrasse, graças a uma ponderação "responsável" dos bens implicados na ação concreta, sobre o valor moral considerado decisivo naquelas circunstâncias. A avaliação das consequências da ação, com base na proporção do ato com os seus efeitos e dos efeitos entre si, referir-se-ia apenas à ordem pré-moral. Quanto à especificidade moral dos atos, ou seja, quanto à sua bondade e malícia, decidiria exclusivamente a fidelidade da pessoa aos valores mais altos da caridade e da prudência, sem que esta fidelidade fosse necessariamente incompatível com opções contrárias a certos preceitos morais particulares. Mesmo em matéria grave, estes últimos deveriam ser considerados como normas operativas, sempre passíveis de serem excepcionadas (JOÃO PAULO II, 2009, 120-121).

Assim, "estas teorias podem adquirir uma certa força persuasiva pela sua afinidade com a mentalidade científica, justamente preocupada em ordenar as atividades técnicas e econômicas, baseada no cálculo dos recursos e lucros, dos processos e efeitos" (JOÃO PAULO II, 2009, 121).

Sem dúvida que num ato particular se há de levar em conta a intenção, assim como os bens obtidos e males evitados, mas a consideração dessas consequências e das intenções não é suficiente para avaliar a qualidade moral de uma opção concreta (JOÃO PAULO II, 2009, 122-123). De fato,

> *a ponderação dos bens e males previsíveis como consequências de uma ação não é um método adequado para determinar se a escolha daquele comportamento concreto é em si mesma moralmente boa ou má, lícita ou ilícita. As consequências previsíveis pertencem àquelas circunstâncias do ato, que, embora podendo modificar a gravidade de um ato mau, não podem, porém, mudar a sua espécie moral (JOÃO PAULO II, 2009, 123).*

Com efeito, é impossível avaliar todas as consequências e todos os efeitos bons ou maus dos próprios atos. Como estabelecer proporções que dependem de uma avaliação cujos critérios permanecem obscuros? Como se justifica uma obrigação absoluta sobre cálculos tão discutíveis? (JOÃO PAULO II, 2009, 123).

> *A moralidade do ato humano depende primária e fundamentalmente do objeto razoavelmente escolhido pela vontade deliberada, como prova também a profunda análise, ainda hoje válida, de S. Tomás. Para poder identificar o objeto de um ato que o especifica moralmente, ocorre, pois, colocar-se na perspectiva da pessoa que age. De fato, o objeto do ato da vontade é um comportamento livremente escolhido. Enquanto*

> *conforme à ordem da razão, ele é causa da bondade da vontade, aperfeiçoa-nos moralmente e dispõe-nos a reconhecer o nosso fim último no bem perfeito (...). Portanto, não se pode considerar como objeto de um determinado ato moral, um processo ou um acontecimento de ordem meramente física, a avaliar enquanto provoca um determinado estado de coisas no mundo exterior. Aquele é o fim próximo de uma escolha deliberada, que determina o ato do querer da pessoa que age (...). A razão pela qual não basta a reta intenção, mas ocorre também a reta escolha das obras, está no fato de que o ato humano depende do seu objeto (...). Portanto, o ato é bom, se o seu objeto é conforme ao bem da pessoa, no respeito dos bens moralmente significativos para ela. (...). O ato humano, bom segundo o seu objeto, é também ordenável ao fim último (JOÃO PAULO II, 2009, 123-125).*

Por tudo o que se expôs até aqui, entende-se que a interpretação teleológica ou proporcionalista deve ser abandonada em benefício do tradicional entendimento conferido ao Princípio do duplo efeito, tal como proposto anteriormente. É esta a leitura considerada por este texto em suas conclusões.

3. O ESTADO DE PERIGO

O ato jurídico em sentido amplo - espécie do gênero fato jurídico (RÁO, 1997, 24) – propriamente consiste "na declaração dispositiva e preceptiva da vontade autônoma do agente, dirigida direta e imediatamente à consecução dos resultados práticos, individuais e sociais, produzidos pelos efeitos que o Ordenamento lhe confere" (RÁO, 1997, 37).

Como se sabe, os atos jurídicos lícitos podem ser divididos em atos jurídicos *stricto sensu* (configurados pela realização da vontade, mas com efeitos determinados pela lei) e negócios jurídicos. Estes são realizados pela declaração da vontade e seus efeitos são definidos pela própria declaração, dentro dos limites estabelecidos pela Ordem Jurídica (PEREIRA, 2008, 475-476). A definição do negócio jurídico é fundamental no âmbito do Direito Privado, dada a comunicação de ambos os conceitos (NADER, 2008, 331) e, para tanto, faz-se previamente necessário o aclaramento doutrinário do que seja a declaração da vontade (PEREIRA, 2008, 477; RÁO, 1997, 23).

Sendo a declaração de vontade elemento essencial do negócio jurídico, é indispensável que ela expresse o verdadeiro desejo do agente quanto aos dados do ato negocial, devendo haver correspondência entre a vontade real e a declarada. Neste ponto, o Direito Civil brasileiro - já desde o Código de 1916 - ultrapassava as controvérsias entre as correntes das teorias da vontade e da declaração (PEREIRA, 2008, 481; AMARAL, 2008, 393-395), referindo-se a um princípio geral de interpretação da vontade no negócio jurídico. Está ele previsto no artigo 112 do Código Civil: nas declarações de vontade se atenderá mais à sua intenção do que ao sentido literal da linguagem (PEREIRA, 2008, 500), ainda que se possa presumir a coincidência entre o elemento volitivo e a declaração (RÁO, 1997, 193). Segundo o mesmo autor, a causa do ato

> *é o próprio ato jurídico que, tomado em sua unidade conceitual, inseparavelmente contém, em seu todo, a acenada razão social, ou econômico-social e traz, inseparavelmente, em sua essência, o escopo, ou o interesse, que os agentes, por seu meio, pretendem realizar" (RÁO, 1997, 96).*

Também se estabelece no artigo 113 que as declarações de vontade devem ser interpretadas de acordo com a boa-fé e com os usos dos negócios. É que ao Direito não interessa uma declaração de vontade qualquer. Quando ela se dá, mas de modo não escorreito, pode-se dizer que há negócio jurídico, mas defeituoso (PEREIRA, 2008, 513).

Neste sentido, o Direito Civil aponta alguns defeitos nos negócios jurídicos que comprometem a validade de tais atos. Se qualquer desses defeitos ocorrer, o negócio jurídico sofrerá de invalidez (NADER, 2008, 337), traduzida em nulidade ou anulabilidade, conforme o caso. A anulabilidade é a sanção prevista para os negócios jurídicos celebrados fora da higidez legal, como preceituam os artigos 138 a 184 do Código Civil.

O estado de perigo é uma espécie de defeito do negócio jurídico - além dos também previstos erro ou ignorância, dolo, coação, lesão e fraude contra credores - e encontra-se explicitamente previsto no artigo 156 do Código Civil. Não há, portanto, que se confundir o estado de perigo com o estado de necessidade; este é causa de exclusão de ilicitude tanto no Direito Civil quanto no Penal, ainda que haja autores que tratem ambas as expressões como sinônimas (OLIVEIRA, s\d., 292). Juntamente com o instituto da lesão, é uma inovação do Código Civil de 2002 (NADER, 2008, 337).

Como dito, a configuração jurídica do Estado de perigo encontra-se no artigo 156 e seu parágrafo único. Caracteriza-se quando alguém pratica o negócio forçado pela necessidade de salvar-se a si ou a pessoa de sua família de grave dano, assumindo obrigação excessivamente onerosa, imposta pela outra parte, que atua assim com o chamado dolo de aproveitamento. Ainda pela dicção do parágrafo único do artigo 156, o juiz, usando de equidade, poderá reconhecer o defeito mesmo se eventualmente a pessoa a ser salva não for necessariamente familiar do declarante, conforme as circunstâncias (NADER, 2008, 338; TEPEDINO, BARBOZA, MORAES, 2004, 293). Segundo o artigo 178, III, do Código Civil, o direito de o prejudicado pleitear a anulação do negócio decai em quatro anos a partir da realização do mesmo (PEREIRA, 2008, 549).

No estado de perigo ocorre uma anomalia no processo volitivo. A declaração de vontade existe, mas é defeituosa, pois circunstâncias fáticas (PEREIRA, 2008, 549)[57], ao exercerem forte influência sobre a vontade, incitam o agente a realizar negócio jurídico ainda que em condições claramente desvantajosas (TEPEDINO, BARBOZA, MORAES, 2004, 291), que jamais seriam aceitas se em condições normais.

Possui, portanto, como pressupostos: (1) a "necessidade de salvar-se, ou a pessoa de sua família, de grave dano"; (2) o dolo de aproveitamento da outra parte ("grave dano conhecido pela outra parte"); e (3) assunção de "obrigação excessivamente onerosa".

A má-fé da parte beneficiada é essencial para o enquadramento do estado de perigo, uma vez que é preciso que ela conheça a circunstância que cause a inferioridade da vítima e se aproveite dessas condições (PEREIRA, 2008, 547)[58], atuando com o chamado "dolo de aproveitamento". É esse dolo de aproveitamento que permite diferenciar o estado de perigo da figura da lesão[59], sendo

---

[57] Pelos artigos 151 a 155 do Código Civil, na hipótese de a ameaça provir da pessoa interessada no ato, está-se frente à coação (AMARAL, 2008, 493; TEPEDINO, BARBOZA, MORAES, 2004, 291).

[58] Aqui se nota como o Direito não é indiferente à Moral, negando as conclusões de um Positivismo Jurídico extremado. Essa intercomunicação é fundamental por conta da justiça (direito como objeto da justiça, uma das virtudes cardeais, análise pertencente à Moral), mas também no que diz respeito a outras virtudes. Isso é particularmente notável no Direito Penal (no qual a consideração acerca da intencionalidade do agente modifica até o enquadramento do tipo penal, ainda que o efeito material seja o mesmo - basta pensar no homicídio culposo e doloso – ou na isenção de pena nos casos de crimes contra o patrimônio praticados pelo cônjuge, ascendentes ou descendentes; artigo 181 do Código Penal), mas também no Direito de Família e nos contratos. Sob uma outra perspectiva acerca dessa relação entre Moral e Direito, AMARAL (2008, 68-69) trata do princípio da eticidade, o qual privilegia os critérios ético-jurídicos em detrimento dos lógico-formais, citando expressamente o exemplo do Estado de Perigo.

[59] Conforme o artigo 157 e §§ do Código Civil, a lesão é objetiva e ocorre sem culpa do beneficiado, bastando comprovar a desproporção das prestações contratadas, em virtude do estado de necessidade ou inexperiência do lesado.

um dos elementos subjetivos de sua caracterização. O outro é, por parte da vítima, a sensação de inferioridade que a pressiona, premida que está pela necessidade de se salvar a si ou a membro de sua família (TEPEDINO, BARBOZA, MORAES, 2004, 292).

Objetivamente, a obrigação excessivamente onerosa deve ser entendida como uma "desproporção evidente e anormal das prestações, quando uma das partes auferiu ou tem possibilidades de auferir do negócio um lucro desabusadamente maior do que a prestação que pagou ou prometeu, aferida ao tempo do contrato" (PEREIRA, 2008, 546). É o juiz quem deve verificar se o *iustum contrapassum* entre as prestações foi sacrificado, não cabendo avaliar a questão em termos de simples apuração do justo preço, pois há uma oscilação natural dos valores das coisas, segundo fatores circunstanciais (PEREIRA, 2008, 547). Ainda, a verificação acerca da ocorrência ou não da desproporção deve considerar o momento da realização do negócio e não condições posteriores (RODRIGUES, 1991, 233).

O dano do qual a vítima deseja se ver livre deve ser grave, o que será apurado caso a caso, analisando-se suas circunstâncias. Além disso, o referido dano também deve ser atual ou iminente, já ocorrendo ou estando prestes a ocorrer. Se o dano for futuro ou já se deu, não cabe se falar de Estado de perigo (TEPEDINO, BARBOZA, MORAES, 2004, 293).

Quanto aos exemplos, os autores costumam citar um já clássico no qual parece se enquadrar a decisão a ser analisada em seguida. Assim, TEPEDINO, BARBOZA, MORAES, (2004, 293) citam como exemplo de estado de perigo "doente que promete pagar honorários excessivos a cirurgião, com receio de que, se não operado, venha a falecer". De modo semelhante, OLIVEIRA (s\d., 292) aponta a hipótese do "doente que, no auge da moléstia, acorda com o médico honorários exorbitantes" [60].

CONCLUSÃO

Considerando tudo o que se tratou acerca do Princípio do duplo efeito, do estado de perigo, assim como a leitura e análise prévias da decisão judicial do STJ, é chegado o momento de se responder à indagação inicial do trabalho: A parte acusada de se beneficiar da miséria alheia poderia alegar boa-fé, invocando a hipótese do ato voluntário indireto? Concretamente, no que diz respeito ao acórdão em questão, considerando-se a conduta da Seguradora de Saúde, é possível afirmar que ela agiu abrigada pelo Princípio do duplo efeito?

Em primeiro lugar, em negócios deste tipo, o que pode ocorrer do ponto de vista da parte que não estava em perigo? A ela se apresenta a oportunidade de se beneficiar aproveitando a situação calamitosa do contratante. O seu intuito poderia ter sido o locupletamento, que teve como meio a celebração de aditivo contratual para prestação de um serviço ao qual ela já se encontrava juridicamente vinculada. O locupletar-se poderia igualmente se dar pela prestação do serviço, mas através de um meio claramente inadequado, por excessivo. Isso fica ainda mais evidente ao se considerar que o Código Civil italiano, em seu artigo 1.447, que inspirou a norma brasileira, prevê que o juiz, ao pronunciar a rescisão contratual, pode assegurar compensação equitativa à outra parte pelo serviço prestado (PEREIRA, 2008, 549).

Ela produziu um ato - a exigência da realização de uma complementação contratual - com dois efeitos: a possibilidade do

---

[60] No mesmo sentido, THEODORO JÚNIOR (2006, 213); DINIZ (2007, 470); RIZZARDO (2007, 493); NEVARES (2007, 299).

tratamento necessário para a cura do paciente - efeito bom - e um alto custo financeiro exigido ao mesmo - efeito mau (econômica e individualmente, do ponto de vista da suposta vítima; mas também em geral, do ponto de vista da lisura necessária e que se espera nas relações sociais). Note-se que a referência ao efeito mau pressupõe que se considere que o valor cobrado tenha sido excessivo ou incabível, pois, de outro modo, seria nada mais do que a justa e necessária contraparte de um aditivo contratual.

Retomando os critérios vistos acima para caracterizar o Princípio do duplo efeito e evitando terminantemente a fixação apenas na condição da proporcionalidade, pelos motivos já amplamente expostos no item próprio, pode-se afirmar o seguinte:

(1) A ação em si foi boa ou indiferente, ou seja, a atualização de um contrato prevendo novas condições e cláusulas não pode ser considerada algo de mau em si mesmo, ainda que pudesse ser não estritamente necessária. Assim, observa-se a primeira condição para a aferição da incidência do Princípio do duplo efeito preenchida.

(2) O tratamento do paciente, porém, derivou do efeito mau, uma vez que o atendimento somente se deu pela complementação contratual e esta apenas se deu por causa da cobrança indevida. A causa do contrato de seguro é a garantia de interesse legítimo do segurado relativo à sua pessoa contra riscos predeterminados, no caso, quanto à saúde do paciente segurado[61], mas não se pode esquecer da contrapartida financeira ínsita ao contrato. O efeito bom, o salvamento da pessoa, derivou diretamente da ação que tinha como elemento necessário o efeito mau, a diminuição patrimonial do mesmo paciente. O segundo requisito para a caracterização do Princípio não deve, portanto, ser reconhecido.

---

[61] Cfr. artigo 757 do Código Civil. Especificamente quanto a seguros de saúde, cfr. a já citada Lei 9.656/98.

(3) Além disso, o fim mau também é visado pela parte, uma vez que esta, desejando um acréscimo de vantagens patrimoniais em detrimento do razoavelmente exigível do outro, deixa de se contentar com o meramente justo, ultrapassando-o. Ela até podia ter realmente se inclinado a salvar a pessoa em perigo, mas esse desejo veio inseparavelmente agregado ao interesse de se beneficiar da contrapartida, o que é inerente aos contratos comutativos. No caso, como a cobrança era indevida, o querer se beneficiar é um fim mau.

(4) Por último, não há motivo proporcionalmente grave, pois a causa da admissão do efeito mau foi a cupidez da outra parte, o desejo de se locupletar com base na condição alheia adversa, pressupondo-se que a cobrança e seu valor fossem indevidos, como constatou a decisão proferida.

Já se observa, portanto, que a conduta da outra parte não pode ser enquadrada no Princípio do ato voluntário indireto, dada a não incidência das segunda, terceira e quarta condições. Pode-se afirmar, portanto, que a outra parte jamais poderia alegar o Princípio do duplo efeito para afastar o pedido de anulação do termo aditivo, tendo sido comprovada a sua má-fé. A Relatora do Recurso analisado se preocupou em demonstrar a desnecessidade da celebração de novo ato, uma vez que o contrato antigo já previa aquele procedimento, como sublinhado acima. Foi aí que residiu o erro da Seguradora de Saúde. Este - um tema próprio do Direito Contratual e do Consumidor - foi o fundamento maior do reconhecimento do Estado de perigo por parte da decisão e, por isso mesmo, pode-se afirmar que foi acertada.

REFERÊNCIAS BIBLIOGRÁFICAS

ABBÀ, Giuseppe. **Quale impostazione per la filosofia morale?**
Roma: LAS, 1996.

ALARCÓN, Enrique (coord.). **Atualidade do tomismo.** Rio de
Janeiro: Sétimo Selo, 2008.

AMARAL, Francisco. **Direito Civil:** Introdução. 7 ed. Rio de Janeiro:
Renovar, 2008.

ARISTÓTELES. **Política**. 3 ed. Brasília: UNB, 1997.

__________. **Ética a Nicômacos.** 4 ed. Brasília: Editora Universidade
de Brasília, 2001.

BELMANS, Theo G. **Le sens objectif de l'agir humain:** Pour relire
la morale conjugale de Saint Thomas. Cidade do Vaticano: Libreria
Editrice Vaticana, 1980.

__________. **Autour du probleme de la défense legitime chez
Saint Thomas.** In Atti dell'VIII Congresso Tomistico Internazionale.
Vol. VI. Morale e Diritto nella prospettiva tomistica. Cidade do
Vaticano: Libreria Editrice Vaticana, 1982, pp. 162-170.

BOEHNER, Philoteus; GILSON, Étienne. **História da Filosofia
Cristã**. 9 ed. Petrópolis: Vozes, 2004.

CASTAÑO, Sergio Raúl. **Los principios políticos de Santo Tomás
en entredicho: Una confrontación con Aquinas, de John Finnis.**
Bariloche: Instituto de Filosofia del Derecho – U. FASTA, 2008.

CUNHA, Paulo Ferreira da. **Pensar o Direito:** II: Da Modernidade à
Postmodernidade. Coimbra: Almedina, 1991.

DE BONI, Luis Alberto. O De Lege de Tomás de Aquino: relendo as questões sobre a lei divina. In DE BONI, Luis Alberto (org.). **Idade Média:** Ética e Política. 2 ed. Porto Alegre: EDIPUCRS, 1996.

________. De Abelardo a Lutero: Estudos sobre Filosofia prática na Idade Média. Porto Alegre: EDIPUCRS, 2003.

DE LIBERA, Alain. **A filosofia medieval**. São Paulo: Loyola, 1998.

DELMANTO, Celso. **Código Penal comentado**. 6 ed. Rio de Janeiro: Renovar, 2002.

DIGESTO*:* Livro 1. 2 ed. São Paulo: Revista dos Tribunais, 2000.

DINIZ, Maria Helena. **Curso de Direito Civil.** Vol. 1. São Paulo: Saraiva, 2007.

ELDERS, Leo. J. A ética de Santo Tomás de Aquino. In Alarcón, Enrique (coord.). **Atualidade do tomismo**. Rio de Janeiro: Sétimo Selo, 2008.

FAITANIN, Paulo. A querela "dialéticos e antidialéticos". Atualidade, origem, controvérsias, contribuição e influência de São Tomás de Aquino. In Aquinate. Ano II, n. 3, jul-dez, 2006.

FERNÁNDEZ, Aurélio. **Teologia Moral.** Vol. I: Moral Fundamental. 3 ed. Burgos: Facultad de Teologia del Norte de España, 1999.

________. **Moral Fundamental.** Lisboa: Diel, 2004.

FINNIS, John. **Aquinas:** Moral, Political and Legal Theory. Oxford: Oxford University Press, 1998.

________. **Direito Natural em Tomás de Aquino:** Sua reinserção no contexto do juspositivismo analítico. Porto Alegre: Sergio Antonio Fabris, 2007.

FRIEDRICH, C. J. **La filosofia del derecho.** 8 reimp. México, C.F.: FCE, 2004.

GARCÍA-HUIDOBRO, Joaquín. **Razón práctica y derecho natural:** El iusnaturalismo de Tomás de Aquino. Valparaíso: Edeval, 1993.

GRANERIS, Giuseppe. **Contribución tomista a la Filosofia del Derecho.** Buenos Aires: Eudeba, 1973.

GRECO, Teodoro da Tôrre del. **Teologia Moral**. São Paulo: Paulinas, 1959.

HERVADA, Javier. **Historia de la ciencia del derecho natural.** 3 ed. Pamplona: EUNSA, 1996.

__________. **Introducción crítica al Derecho Natural.** Bogotá: Temis, 2000.

__________; CUNHA, Paulo Ferreira da. **Direito:** Guia universitário. Porto: Rés, s\d.

JOÃO PAULO II. **O Esplendor da Verdade:** Carta Encíclica Veritatis Splendor do Sumo Pontífice João Paulo II a todos os bispos da Igreja Católica sobre questões fundamentais do ensinamento moral da Igreja, de 06 de agosto de 1993. 9 ed. São Paulo: Paulinas, 2009.

JOLIVET, Régis. **Curso de filosofia.** 20 ed. Rio de Janeiro: Agir, 2001.

KNAUER, Peter. **La détermination du bien e du mal moral par le principe du double effet.** In Nouvelle Revue Théologique, n. 87 (1965), pp. 356-376.

LEWIS, C. S. **A abolição do homem.** São Paulo: Martins Fontes, 2005.

LIMA, Alceu Amoroso. **Introdução ao direito moderno.** 4 ed. Rio de Janeiro: Editora PUC-Rio: Loyola, 2001.

MACINTYRE, Alasdair. **Depois da virtude.** Bauru: EDUSC, 2001.

MARÍAS, Julián. **História da Filosofia**. São Paulo: Martins Fontes, 2004.

MARITAIN, Jacques. **Problemas fundamentais da Filosofia Moral.** Rio de Janeiro: Agir, 1977.

MARTINS FILHO, Ives Gandra. **Manual esquemático de Filosofia.** São Paulo: LTr, 2000.

__________. **Manual esquemático de Filosofia.** 3 ed. São Paulo: LTr, 2006.

MASSINI CORREAS, Carlos I. **La desintegración del Pensar Jurídico en la Edad Moderna.** Buenos Aires: Abeledo-Perrot, 1980.

__________. **Filosofia del Derecho. Tomo I:** El Derecho, los derechos Humanos y el Derecho Natural. 2 ed. Buenos Aires: Lexis Nexis, 2005a.

__________. **Filosofia del Derecho. Tomo II:** La Justicia. Buenos Aires: Lexis Nexis: 2005b.

__________. **La Prudencia Jurídica:** Introducción a la gnoseología del Derecho. 2 ed. Buenos Aires: Lexis Nexis: 2006.

MONTEJANO, Bernardino. **Curso de Derecho Natural.** 8 ed. Buenos Aires: Lexis Nexis, 2005.

MORENTE, Manuel Garcia. **Fundamentos de Filosofia**: Lições Preliminares. São Paulo: Mestre Jou, 1980.

MOURA, Odilão. **Introdução à Suma contra os gentios.** In TOMÁS DE AQUINO. Suma contra os gentios. Vol. I: Livros I° e II°. Porto Alegre: Escola Superior de Teologia São Lourenço de Brindes: Sulina; Caxias do Sul: Universidade de Caxias do Sul, 1990.

__________. **A doutrina do direito natural em Tomás de Aquino.** In DE BONI, Luis Alberto (org.). Idade Média: Ética e Política. 2 ed. Porto Alegre: EDIPUCRS, 1996.

__________. **Averróis e São Tomás.** In Revista de Filosofia. Rio de Janeiro: Vol. 1, n. 2, jul-dez, 1998.

NADER, Paulo. **Introdução ao Estudo do Direito.** 30 ed. Rio de Janeiro: Forense, 2008.

NASCIMENTO, Carlos Artur R. do. **A justiça geral em Tomás de Aquino.** In DE BONI, Luis Alberto (org.). Idade Média: Ética e Política. 2 ed. Porto Alegre: EDIPUCRS, 1996.

NEVARES, Ana Luiza Maia. O erro, o dolo, a lesão e o estado de perigo no Código Civil de 2002. In A Parte Geral do Novo Código Civil: estudos na perspectiva civil-constitucional. TEPEDINO, Gustavo (org). Rio de Janeiro: Renovar, 2007.

OLIVEIRA, J. M. Leoni Lopes de. **Novo Código Civil Anotado.** Parte Geral. Volume I (arts 1º a 232). 3 ed. Rio de Janeiro: Lumen Juris, s\d.

PEREIRA, Caio Mário da Silva. **Instituições de Direito Civil.** Vol. 1: Introdução ao Direito Civil. Teoria Geral de Direito Civil. 22 ed. Atualização de Maria Celina Bodin de Moraes. Rio de Janeiro: Forense, 2008.

PIEPER, Josef. **Virtudes fundamentais.** Lisboa: Aster, 1960.

PRADO, Lourenço de Almeida. **O senso da reciprocidade e a virtude da justiça.** In Almeida, Emanuel Xavier Oliveira de (org.). Coletânea: Tomo II: 400 anos Mosteiro de São Bento Rio de Janeiro: Homenagem. Rio de Janeiro: *Lumen Christi*, 1991.

PRÜMMER, Dominicus M. **Manuale Theologiae Moralis secundum S. Thomae Aquinatis.** Tomo I. 11 ed. Friburgo: Herder, 1953.

RÁO, Vicente. **Ato jurídico:** Noção, pressupostos, elementos essenciais e acidentais. O problema do conflito entre os elementos volitivos e a declaração. 4 ed. Anotada, revista e atualizada por Ovídio Rocha Barros Sandoval. São Paulo: Revista dos Tribunais, 1997.

REALE, Giovanni. **História da filosofia antiga.** V. 2: Platão e Aristóteles. São Paulo: Loyola, 1994.

REBOUL, Olivier. **Introdução à retórica.** São Paulo: Martins Fontes, 1998.

RHONHEIMER, Martin. **La perspectiva de la moral:** Fundamentos de la Ética Filosófica. Madri: Rialp, 2000.

RIZZARDO, Arnaldo. **Parte Geral do Código Civil.** Rio de Janeiro: Forense, 2007.

ROBLES, Laureano; CHUECA, Ángel. Estudio preliminar: El Tratado De Regno de Santo Tomás. In Tomás de Aquino. La monarquía. 3 ed. Madri: Tecnos, 2002, pp. XI-LXV.

RODRIGUES, Silvio. **Direito Civil:** Parte geral. Vol. I. 22 ed. São Paulo: Saraiva, 1991.

RODRÍGUEZ LUÑO, Angel. **Ética.** 5 ed. Pamplona: EUNSA, 1991.

SERTILLANGES, A.-D. **As grandes teses da filosofia tomista.** Braga: Livraria Cruz, 1951.

TEPEDINO, Gustavo; BARBOZA, Heloísa Helena et MORAES, Maria Celina Bodin de. **Código Civil Interpretado conforme a Constituição da República.** Volume 1: Parte Geral e Obrigações (arts. 1º a 420). Rio de Janeiro: Renovar, 2004.

THEODORO JÚNIOR, Humberto. **Comentários ao Novo Código Civil.** Livro III – Dos Fatos Jurídicos: Do Negócio Jurídico. Volume III. Tomo I (Arts. 138 a 184). 3 ed. Rio de Janeiro: Forense, 2006.

TOMÁS DE AQUINO. **Suma contra os gentios.** Vol. I: Livros Iº e IIº. Porto Alegre: Escola Superior de Teologia São Lourenço de Brindes: Sulina; Caxias do Sul: Universidade de Caxias do Sul, 1990.

__________. **Suma contra os gentios.** Vol. II: Livros IIIº e IVº. Porto Alegre: EDIPUCRS: Est, 1996.

__________. **La monarquía.** 3 ed. Madri: Tecnos, 2002.

__________. **Suma Teológica.** Vol. 3: I seção da II Parte– questões 1-48. São Paulo: Loyola, 2003.

________. **Suma Teológica.** Vol. 5: II seção da II parte – questões 1-56. São Paulo: Loyola, 2004.

________. **Suma Teológica.** Vol. 2: I Parte – questões 44-119. 2 ed. São Paulo: Loyola, 2005a.

________. **Suma Teológica.** Vol. 4: I seção da II parte – questões 49-114. São Paulo: Loyola, 2005b.

________. **Suma Teológica.** Vol. 6: II seção da II parte – questões 57-122. São Paulo: Loyola, 2005c.

________. **Suma Teológica.** Vol. 7: II seção da II parte – questões 123-189. São Paulo: Loyola, 2005d.

TORRELL, Jean-Pierre. **Iniciação a Tomás de Aquino de Aquino**: Sua pessoa e obra. 2 ed. São Paulo: Loyola, 2004.

VAZ, Henrique Cláudio de Lima. **Ética e Direito.** São Paulo: Loyola, 2002.

VIGO, Rodolfo Luis. **Interpretação jurídica:** Do modelo juspositivista-legalista do século XIX às novas perspectivas. São Paulo: Revista dos Tribunais, 2005.

VILLEY. Michel. **Filosofia do Direito:** Definições e fins do direito: Os meios do direito. São Paulo: Martins Fontes, 2003.

________. **A formação do pensamento jurídico moderno.** São Paulo: Martins Fontes, 2005.

YEPES, Ricardo; ARANGUREN, Javier. **Fundamentos de antropología:** un ideal de la excelencia humana. 3 ed. Pamplona: EUNSA, 1998.